Friedrich Bruns

Die Vertreibung Herzog Heinrichs von Braunschweig

Durch den Schmalkaldischen Bund, Theil 1, Vorgeschichte

Friedrich Bruns

Die Vertreibung Herzog Heinrichs von Braunschweig
Durch den Schmalkaldischen Bund, Theil 1, Vorgeschichte

ISBN/EAN: 9783743427136

Hergestellt in Europa, USA, Kanada, Australien, Japan

Cover: Foto ©ninafisch / pixelio.de

Manufactured and distributed by brebook publishing software (www.brebook.com)

Friedrich Bruns

Die Vertreibung Herzog Heinrichs von Braunschweig

Die Vertreibung
Herzog Heinrichs von Braunschweig

durch den

Schmalkaldischen Bund.

I. Theil. Vorgeschichte.

Inaugural-Dissertation

zur

Erlangung der philosophischen Doctorwürde, an der Universität Marburg

von

FRIEDRICH BRUNS
aus Lübeck.

MARBURG.
Georg Schirling, Buchdruckerei.
1889.

Meinen hochverehrten Lehrern

Herrn Professor Dr. Max Lenz

und

Herrn Professor Dr. Conrad Varrentrapp

dankbarst zugeeignet.

Vorwort.

Die vorliegenden Abhandlung ist, wie ihr Titel besagt, im Rahmen einer umfangreicheren Arbeit gedacht, die etwa in Jahresfrist erscheinen wird. Nachdem bereits die verwandte Schrift Koldeweys, »Heinz von Wolfenbüttel« (Halle 1883), es sich zur Aufgabe gestellt hat, das Charakterbild des vielgeschmähten Herzogs von den Uebertreibungen der zeitgenössischen Pamphletliteratur zu reinigen und seine Entstehung begreiflich zu machen, geht dieser Versuch auf den reichhaltigen, für diese Periode noch wenig ausgenutzten und beinahe lückenlosen Bestand der Archive Philipps von Hessen und Johann Friedrichs von Sachsen zurück. Neben ihnen kommt in wenigen Fällen das 1542 bei der Eroberung Wolfenbüttels erbeutete fürstlich-braunschweigische Archiv in betracht, welches zwischen den beiden siegreichen Fürsten geteilt wurde und sich somit ebenfalls zu Marburg und Weimar befindet; aus ihm sind bereits die wichtigsten, den Herzog besonders blosstellenden Schriftstücke 1544 vom Schmalkaldischen Bunde zur Rechtfertigung seines bewaffneten Einschreitens bruchstückweise der Öffentlichkeit übergeben (gedruckt bei Hortleder IV c. 46 u. 48).

Die hier zum Ausdruck gelangte »Vorgeschichte« behandelt die Herausbildung der Gegnerschaft des Herzogs und der Protestanten bis Ende Juli 1541, den Zeitpunkt, bis zu welchem die beteiligten Mächte ihre endgültige Stellung zu dem Konflikte genommen haben. Die Hauptarbeit wird alsdann die verwickelte diplomatische Einleitung des Feldzuges und die Eroberung des Herzogtums umfassen, sich also im wesentlichen über die Zeit vom August 1541 bis August 1542 erstrecken.

Bei Anführung der hier benutzten Archivalien sind folgenden Abkürzungen gewählt:

M. bezeichnet den Aktenbestand des preussischen Staatsarchivs zu Marburg.

Repositurbezeichnungen desselben:
St. G. 38—40 = Stadt Goslar 1538—40.
„ „ 40 = „ „ 1540.
„ „ 40—41 = „ „ 1540—41.
St. Br. = Stadt Braunschweig.
Schm. B. 38—39 = Schmalkaldischer Bund 1538—39.
„ „ 39 = „ „ „ 1539.
„ „ 41 = „ „ „ 1541.
E. V. 39 = Evangelische Verständnis-Sachen ... de anno 1539.
R. T. 41 = Reichstagsakten 1541.
A-W. 41. 1 = Braunschweig. Alt-Wolfenbüttel 1541 1.
„ „ 42. 5 = „ „ „ „ „ 1542 5.
Br.-C. = Braunschweig-Celle 1524—1543.
K. = Kaiser.
A. H. H. 19—39 = Archiv Herzog Heinrichs des Jüngeren von Braunschweig-Wolfenbüttel 1519—1539.
A. H. H. 40—41 = Archiv Herzog Heinrichs des Jüngern von Braunschweig-Wolfenbüttel 1540—1541.

W. bezeichnet den Aktenbestand des sächs.-ernestin. Gesamtarchivs zu Weimar.

H. 93—94 = Reg. H. fol. 203—211.
„ 108 = „ „ „ 248—256.
„ 121 = „ „ „ 295—300.
„ 126 = „ „ „ 306—312.
„ 129 = „ „ „ 317—321.
„ 134 = „ „ „ 335—344.
„ 137 = „ „ „ 352—355.
„ 139 = „ „ „ 359—364.
„ 140 = „ „ „ 365—367.

H. 141 = Reg. II. fol. 367—372.
„ 142 = „ „ „ 373—374.
„ 143 = „ „ „ 375—377.
„ 144 = „ „ „ 377—383.
„ 149 = „ „ „ 394—401.
„ B B = ;, „ „ 704—707.
R. R. T. I—V = Akta den Reichstag zu Regensburg betreffend. Vol. I, II, III, IV, V. Reg. C. fol. 48.

Sonstige Abkürzungen sind:

Ranke = Leopold von Ranke. Deutsche Geschichte im Zeitalter der Reformation. 6. Auflage. Leipzig 1881.

Lenz = Briefwechsel Landgraf Philipps des Grossmütigen von Hessen mit Bucer. Herausgegeben und erläutert von Max Lenz. I. und II. Teil. Leipzig 1880 und 1887. (Band 5 und 28 der Publikationen aus den K. Preussischen Staatsarchiven.)

Hortl. = Friedrich Hortleder; ... Handlungen und Ausschreiben ... von den Ursachen des deutschen Kriegs Kaiser Karls V. ... 2. Aufl. Gotha 1645.

C. R. = Corpus Reformatorum, ed. C. G. Brettschneider. Vol. IV. Halle 1837.

Meinem hochverehrten Lehrer, Herrn Prof. Dr. Lenz, der mir diesen Stoff zur Bearbeitung empfahl, spreche ich für die gütige und teilnahmvollste Leitung meiner Studien meinen tiefgefühlten Dank aus; desgleichen fühle ich mich Herrn Prof. Dr. Varrentrapp und den verehrlichen Vorständen und Beamten der Archive zu Marburg und Weimar für die mir zu teil gewordene Förderung zu aufrichtigem Danke verpflichtet.

Marburg, den 15. März 1889.

Der Verfasser.

Inhalt.

	Seite.
Vorwort	5
Einleitung. Persönlichkeit Herzog Heinrichs	11
I. Territorialer Konflikt des Herzogs mit Goslar (bis 1530)	13
Des Herzogs Übergriffe	13
Einleitung des rechtlichen Streites	15
Gewaltthätige Absichten des Herzogs	17
II. Des Herzogs Gegensatz zum Schmalkaldischen Bunde (bis Januar 1541)	18
1 Offensiv-katholische Richtung des Herzogs	19
Gründung des Nürnberger Bundes	19
Gährung in Norddeutschland	21
Enttäuschung des Herzogs	28
2 Der braunschweigisch-goslarische Hader	30
Zerwürfnis des Herzogs mit Braunschweig	30
Goslarische Acht	42
Evangelischer Bundestag zu Naumburg	48
III. Stellungnahme des Kaisers. (Januar bis Juli 1541.)	52
1 Wahrung des Friedens	52
Zugeständnisse des Kaisers	53
Aufschub der braunschweigischen Hülfe	55
Verhalten des Herzogs	58
Zukunftspläne des Landgrafen	65
2 Der Regensburger Reichstag	68
Religiöser Vermittelungsversuch	68
Unglimpf des Herzogs	70
Kaiserlich-hessischer Vertrag	74
Eilende Türkenhülfe und Goslarische Acht	77
Evangelischer Bundesbeschluss bezüglich Goslars	79
Abschied und Deklaration	82
Schluss	85
Ergebnis der bisherigen Entwickelung	85

Anhang.

Archivalische Beilagen	86

„Mein Zeit mit Unruhe" war der Wahlspruch Herzog Heinrichs des Jüngeren von Braunschweig. Nicht als ob ihm ein abenteuerliches Leben Selbstzweck gewesen wäre; praktisch und skrupellos hatte er vielmehr so ausschliesslich wie kaum ein anderer zeitgenössischer Fürst die Erweiterung und Kräftigung seiner territorialen Stellung im Auge.

Seine Erfolge verdankte er vornehmlich dem Wohlwollen Karls V. Der hatte ihm als Beute seines gewaltthätigen Eingreifens in die Hildesheimische Stiftsfehde fast die Hälfte des eroberten Bistums überwiesen und damit die ererbten Gebietsteile zu einem geschlossenen Ganzen verbunden; er liess es auch geschehen, dass der Herzog seinen Bruder zur Anerkennung seines Erstgeburtsrechtes und der Unteilbarkeit des Fürstentums durch dessen langjährige Gefangenschaft nötigte.

Dies Verhältnis zum Kaiser bedingte wesentlich seine Stellungnahme zur Reformation in den zwanziger Jahren, sein landesherrliches Verbot der neuen Lehre, seine Teilnahme am Dessauer Bunde und seine Reise als Bevollmächtigter desselben an den kaiserlichen Hof[1]); persönlich stand er der religiösen Erschütterung seiner Zeit ohne tieferes Verständnis gegenüber: um der Art der Sakramentsniessung, um Privatmessen, Pfaffenweiber und dergleichen Gewissenssachen willen, liess er sich wohl vernehmen, wolle er ungern ein Pferd satteln.

Und eben nur aus solch engem Ineinandergreifen der damaligen politischen und religiösen Entwickelung erklärt es

---

[1]) Friedensburg. Der Reichstag zu Speier 1526. S. 5, 56 ff., 71 ff. und 81 ff.

sich, wie gegen diesen Fürsten der Schmalkaldische Bund die Waffen ergriff zum Kampfe auf Tod und Leben. Denn indem sich die protestantischen Stände zum Schutze ihrer Religion fest aneinanderschlossen, und naturgemäss ihr Streben sein musste, die Unabhängigkeit ihrer ihm benachbarten Glaubensverwandten zu wahren, geschah es, dass seine auf Machterweiterung gerichteten Pläne hinübergriffen in die Sphäre des Bundes, und er in immer schärferen Gegensatz zu den Schöpfungen des reformatorischen Geistes und seinen politischen Trägern geriet — bis das Schwert die Lösung gab.

I. Territorialer Konflikt des Herzogs mit Goslar.

Einst hatte im Zenith seiner Laufbahn Heinrich der Löwe die Hand ausgestreckt nach dem Besitze Goslars, und sich an seiner Forderung und ihrer Ablehnung der Kampf mit dem grossen Staufer entzündet[1]), dessen Ausgang die welfische Macht zerschellt hatte. Durch den Erwerb der Hildesheimischen Stiftsgüter war nunmehr Goslar vom braunschweigischen Gebiete umklammert, und damit abermals eine Situation geschaffen, die für Heinrich den Jüngeren verlockend genug war, um ihn den Versuch seines Ahnherrn erneuern zu lassen.

Eben damals hatte die alte Reichsstadt den Gipfel der Macht und des Wohlstandes erreicht. »Von den römischen Kaisern und Königen vor etlichen viel hundert Jahren auf Berg- und Hüttenwerk erbauet«, wie sie selber rühmt, verdankte sie ihre Existenz dem blei- und silberhaltigen Erze des nahen Rammelsberges. Goslarische Bürger trugen als Berg- und Hüttenherren die Gruben und Bergteile von der Stadt zu Lehen; aber indem der Rat das Vorkaufsrecht an dem ausgebrachten Metalle besass, kam der Gewinn auch direkt dem Gemeinwesen zu gute.

Nun war mit der wachsenden Geldbedürftigkeit des benachbarten Herrscherhauses ein Teil der nächstgelegenen fürstlichen Forsten in den Besitz der Stadt gelangt; dazu hatte sie den an die Herzöge übergegangenen Zehnten am Rammelsberge samt dem dortigen Gerichte von dem damit beliehenen

---

[1]) So Weiland, Hansische Geschichtsblätter Jahrg. 1884 S. 12.

Geschlechte käuflich erworben — beides jedoch mit Vorbehalt der Wiedereinlösung durch die fürstliche Familie. Hier setzte der Herzog den Hebel ein und kündigte der Stadt das bestehende Verhältnis. Aber nach Erlegung des Pfandschillings dehnte er seinen Anspruch aus auf den sogenannten Reichsforst, ein altes kaiserliches Lehen, und andere bedingungslos der Stadt zustehende Gehölze, wehrte in ihnen das fernere Holzschlagen, legte die Hüttenwerke lahm durch eigenmächtiges Steigern des vereinbarten Holzpreises wie durch Bezollung fremder Brennstoffe und verbot die Erze durch sein Gebiet zum Schmelzen zu führen.

Ebenso masste er sich mit dem Zehnten und Gerichte auch die sonstigen städtischen Hoheitsrechte am Bergwerk an: die Verwaltung und Beleihung der Gruben und Bergteile wie das Vorkaufsrecht am Metalle. Als die Berg- und Hüttenherren der ergangenen Vorladung zutrotz sich weigerten, die Beleihung aus seiner Hand entgegenzunehmen, erklärte er sie ihres Besitztitels für verlustig, verjagte Vögte und Arbeiter und liess die vorgefundenen Erze, deren Wert sich samt den übrigen dortigen Vorräten nach Rechnung der Stadt auf etwa 42 000 Gulden belief, durch eigene Beamte schmelzen.

Um die eingenommene Stellung zu behaupten, legte er Reisige in das benachbarte Kloster Riechenberg, verdarb von hier aus die städtischen Fluren und hinderte den freien Verkehr.

Weder die auf Beschwerde der Stadt ergangenen Mandate und Litispendentien des kaiserlichen Regiments und Kammergerichtes, noch ein Austrägalversuch des ersteren machte den Herzog in seinen Uebergriffen irre; als ihm schliesslich ein Kammergerichtsbote bei Pön des Landfriedensbruchs Einhalt und Entlassung des Kriegsvolkes gebot, bestand die Antwort darin, dass er noch am Abend desselben Tages — es war der 21. Juli 1527 — mit 250 Reitern, 300 Knechten, Landsassen und Geschütz in das Kloster rückte und es durch aufgebotene Bauern in aller Eile mit Gräben, Wällen und Staketen befestigte.

Am nächsten Morgen liess er an den die städtische Landwehr bildenden Knick Feuer legen. Aber trotz des verhüllenden Rauches sah man von der Stadt aus, wie der Herzog hinter dem hart am Umfassungsgraben gelegenen Georgenberge mit seinen Reisigen im Felde hielt und das Fussvolk zum Sturme ordnete. Es war ein kritischer Augenblick: gelang es dem Fürsten, sich der festen Mauern und Türme des den Hügel krönenden Klosters zu bemächtigen, so beherrschte er mit seinem Geschütz unmittelbar einen Teil der Wälle, und es erwuchs der kommunalen Unabhängigkeit die drohendste Gefahr. Da, noch ehe sich der Rat über Gegenmassregeln hatte schlüssig werden können, brach ein Haufe Bürger und Knechte aus der Stadt hervor und liess das dortige Kloster samt der Kirche und der offenen Vorstadt in Flammen aufgehen. Noch am selben Tage fielen zur Verhütung ähnlicher Gefahren die nahe Stiftskirche des Petersberges, die zum heiligen Grab und die St. Johanniskirche auf dem Rammelsberge[1]).

Um weiteren Gewaltthaten vorzubeugen, vermittelten Hessen und die Mitglieder des niedersächsischen Städtebundes einen Vertrag, der die Ansprüche und Klagen beider Parteien dem Erkenntnisse des Reichskammergerichtes anheimstellte. Bis dahin sollte der Bergwerksbetrieb ruhen, der Reichsforst einstweilen von den Bürgern gebraucht, doch gemeinsam verwaltet werden, und das Holzgeld dem obsiegenden Teile zu gute stehen bleiben; dazu der Herzog schuldig sein, der Stadt um einen mässigen Preis Holz und Kohlen verabfolgen zu lassen[2]).

So klagte denn der Herzog auf Grund dieser Selbsthülfe und eines blutigen Einfalls Goslarischer Bürger in zwei der

---

1) Der Darstellung dieses Abschnittes liegen vornehmlich die Goslarische Beschwerdeschrift vom 14. Aug. 1527 und die ausführlichen 1552 vom Herzoge veröffentlichten Prozessakten zu grunde. Gedruckt bei Hortl. IV. a. 1 u. 14; vgl. auch c. 46. 4 ff; c. 47. 8 ff. u. c. 48. 36 ff.

2) Vertrag vom 25. Aug. 1527; Kopie. M. St. G. 38—40.

entrissenen Schmelzhütten am 15. November 1528 wegen landfriedensbrüchiger Verletzung seines Gebietes auf Erkennung der Reichsacht; zehn Tage zuvor hatte die Stadt ihrer verletzten Eigentumsrechte wegen die gleiche Klage eingereicht. Vergeblich forderte der Goslarische Anwalt Zurückweisung der fürstlichen Klage, da die geschädigten Plätze sämtlich innerhalb der — allerdings strittigen — städtischen Landwehr lägen, mithin der Herzog nicht Kläger sein könne; auch dürfe überhaupt sich nicht auf den Landfrieden berufen, wer selbst landfriedbrüchige Handlung wider den Beklagten begangen hätte: das sei nicht erwiesen, hielt man fürstlicherseits entgegen, und noch der Herzog in keinem Punkte rechtlich überwunden; bis dahin hätten die ausgebrachten Mandate und Inhibitionen nicht die Kraft, ihn am Gebrauche seiner ihm zustehenden Gerechtigkeiten zu hindern. So wurde die wechselseitige Klage angenommen, und ein processus simultaneus eingeleitet, vermöge dessen nach bestehender Rechtsordnung beide Prozesse einer gleichzeitigen Entscheidung unterliegen mussten.

Zwar erging ein Mandat, welches dem Herzoge die einstweilige Wiedereinsetzung von Rat und Hüttenherren in ihre Rechte und Erstattung des zugefügten Schadens auferlegte, doch wusste er auf dem Augsburger Reichstage im Widerspruch zu dieser kammergerichtlichen Bestimmung und des Protestes der Stadt[1]) ungeachtet eine ihm günstige kaiserliche Verfügung zu erwirken. Vermöge ihrer wurde der Gewinn aus den Streitobjekten, insbesondere das Vorkaufsrecht am Metalle unter Sequestration gestellt und die Verwaltung Georg von Sachsen unter Zuziehung je eines von beiden Teilen verordneten und ihm eidlich verpflichteten Beamten übertragen.

Auch jetzt setzte er seine Plackereien fort und scheute sich nicht, den Syndikus und Vertreter der Stadt, Dr. Dellingshausen, bei dessen Heimkehr vom Reichstage trotz des kaiserlichen Geleitsbriefes heimlich aufgreifen und seiner Papiere be-

---

[1]) Gedr. Hortl. IV c. 48. 130 ff.

rauben zu lassen. Nach dem festen Schöningen abgeführt, beschloss dieser nach zweijähriger entbehrungsvoller Kerkerhaft sein Leben.

Die schwebende rechtliche Untersuchung hinderte den Herzog nicht, dieser Zeit ernstlich mit dem Gedanken umzugehen, durch einen neuen Gewaltstreich zum Ziele zu gelangen. Denn als der hessische Landgraf ihn zu einem thatkräftigen Eintreten für die Wiedereinsetzung des vertriebenen Herzogs Ulrich zu gewinnen suchte, forderte er als Gegenleistung die Teilnahme beider Fürsten an einem Zuge gegen Goslar. Doch erst, so trug er wiederholt an, möge man die Stadt erobern: das wäre die beste Gelegenheit unvermerkt eine starke Kriegsmacht aufzubringen, auch könne er dann erst sein Land ruhig im Rücken lassen. Da er jedoch mit diesen Vorschlägen nicht durchdrang, erkaltete auch merklich sein Eifer; offenbar ging er darauf aus, im sichern Besitz seiner Beute jederzeit freie Hand zu behalten, wie weit er seinem württembergischen Schwager zuliebe die so vorteilhafte Gunst des Hauses Habsburg aufs Spiel setzen wollte. Als dann beide Fürsten, seiner mannigfachen Ausflüchte müde, ihn zu einer Verschreibung nötigten, versprachen sie in der That — denn noch verband sie nicht mit der Stadt derselbe Glaube — ihm nach der gemeinsamen Rückeroberung Württembergs ein Jeder mit Land und Leuten zu seiner »Erbgerechtigkeit des Ramesberges« zu verhelfen[1]). Aber da auch nach der im Vertrage vorgesehenen Frist der Herzog nicht zur Aktion zu bewegen war, wie er sich denn auch später nur zu einer zögernd und widerwillig geleisteten Geldhülfe verstand, blieb die eingegangene Verpflichtung ohne jede praktische Bedeutung.

---

[1]) Vertrag zu Wolfenbüttel vom 3. April 1530, gedr. Hortl. IV c. 7, 98.

II. Gegensatz des Herzogs zum Schmalkaldischen Bunde.

Bis dahin hatten des Herzogs Händel mit Goslar einen rein territorialen Charakter getragen. Indem aber 1531 die Stadt nach ihrem Glaubenswechsel ebenso wie das benachbarte Braunschweig dem Bunde der bedrohten protestantischen Minderheit sich anschloss, trat ihr Geschick in unmittelbare Beziehung zu dem grossen religiösen Gegensatz, dem Angelpunkte des vielgestaltigen deutschen Lebens. Von entscheidender Bedeutung wurde dieser Schritt sofort für ihr Verhältnis zum Reichskammergerichte. Wir sahen, wie günstig dessen bisherige Bescheide lauteten. Da jedoch zu Augsburg die altgläubige Mehrheit diesem eigens dazu visitierten obersten Gerichtshofe die rechtliche Verfolgung der kirchlich Abgefallenen übertragen hatte, war nunmehr ein parteiliches Prozessverfahren gegen die Stadt die natürliche Folge ihres Uebertritts.

Aber gerade eine Benachteiligung um des Glaubens willen musste den bisher Isolierten die Sympathien des Bundes auch in dieser an sich weltlichen Streitsache zuwenden.

Und ferner, konnte der Herzog jetzt noch darauf rechnen, sich ungestraft eine offene Vergewaltigung der Stadt erlauben zu dürfen, wenn auch die Bundeshülfe verfassungsgemäss nur beim Überzuge um der Religion willen in Kraft trat? Wäre nicht in diesem Falle ein müssiges Zusehen des Bundes eine moralische Niederlage gewesen mit unmittelbarer Rückwirkung auf sein religiöses Ferment, eine ehrenrührige Schwäche, wie sie jedenfalls seiner wachsenden Bedeutung nicht entsprach? Wenigstens von den nächstgesessenen Ständen, vor allen den beiden Oberhauptleuten, war das nicht zu erwarten.

So, meine ich, trieb die veränderte Lage der Dinge den Herzog, wenn anders er nur sich und seinen Zielen getreu blieb, notwendig dazu, sich nach Bundesgenossen umzusehen, welche der voraussichtlichen Gegnerschaft der Einungsverwandten die Wage zu halten vermochten. Was aber lag näher, als sich diesen Rückhalt durch einen engeren Anschluss an die Vorkämpfer und Eiferer der altgläubigen Reichsmehrheit zu verschaffen?

Indess schlummerte noch in den nächsten Jahren dieser Gegensatz, und erhielt sich sogar trotz des verschiedenen Bekenntnisses das alte freundschaftliche Verhältnis des Fürsten zum Landgrafen, die noch 1536 in den dänischen Thronstreitigkeiten Verbündete waren. Erst als die stetig wachsende Macht des Schmalkaldischen Bundes, seine Ausdehnung von den Alpen bis zur Ostsee, der seine innere Festigung durch den Abschluss der Wittenberger Konkordie entsprach, erneute Gegenmassregeln unter der katholischen Partei ins Leben rief, und der Herzog den Bestrebungen des Reichsvicekanzlers Doktor Held ein williges Ohr lieh, bekundete sich der Umschwung in seiner ganzen Schärfe.

In der That hatten die Ziele beider Männer etwas gemeinsames. Held, früher selbst Beisitzer des Kammergerichtes, suchte unbekümmert um die Rücksichten, welche die durch ihn in Deutschland vertretene kaiserliche Politik um ihrer europäischen Machtstellung willen auf die Protestanten zu nehmen hatte, die ursprüngliche Idee des rechtlichen Krieges, wie sie zu Augsburg gefasst war, auch unter veränderten Umständen wieder zu beleben und in die That umzusetzen. Allerdings unter Anerkennung des ihnen inzwischen gewährten Nürnberger Friedens, doch sollte mit stillschweigender Uebergehung der letztjährigen beruhigenden Zugeständnisse König Ferdinands allein dem Kammergerichte die Entscheidung zustehen, auf welche einzelnen Fälle die gemeinhin gewährte Suspension der anhängigen Religionssachen zu beziehen sei. Einen Bund altgläubiger Fürsten wollte er zustande bringen, um die Vollziehung der Achtsdekrete zu übernehmen, einerlei, ob sich dieselben aus Religions- oder Profansachen herleiteten; dazu stellte er ein direktes Eingreifen des Kaisers gegen die Ketzer in Aussicht und versprach dem Herzoge für eine baldige günstige Entscheidung des Goslarischen Rechtsstreites seinen ganzen Einfluss am Kammergerichte einzusetzen. Allerdings für den ländergierigen Fürsten eine verführerische Aussicht, unter dem Deckmantel reichsgesetzlicher Vollmacht und mit einem starken Bunde im Rücken der geächteten Stadt seinen Willen aufzwingen zu können: unbedingt stellte er sich dem willkommenen Förderer zur Verfügung. Auch Georg von Sachsen wurde für diese Pläne gewonnen[1]); an den übrigen katholischen Höfen war Held unermüdlich thätig, ihnen weitere Anhänger zu werben.

Während nun der Herzog sich in so aussichtsvollen Entwürfen bewegte, musste es ihm wie Hohn erscheinen, als im April 1538, fast unter seinen Augen, die Evangelischen mit dem König von Dänemark in Braunschweig zu glänzender Tagfahrt zusammenkamen.

Er zögerte nicht, Sachsen und Hessen das erbetene Geleit zu versagen; darüber, lautete die spöttische Antwort seiner Räte, müssten sie erst in Wien beim Könige anfragen. Und als ihm Philipp befremdet diesen Bescheid vorhielt, erwiderte er, er habe nimmer gehört, dass zu Braunschweig ohne seine vorherige Bewilligung Tage gehalten seien. Da jener trotzdem sein Gebiet durchkreuzte, liess er den landgräflichen Zug vor Wolfenbüttel wider fürstlichen Brauch durch Gewappnete ansprengen und um seine Absichten befragen, auch wie zur Ehrbezeigung das Geschütz seiner Feste lösen; desgleichen fielen auf die abziehenden hessischen Räte Schüsse aus der Liebenburg.

Es konnte die eingetretene Spannung nur verschärfen, dass eben auf diesem Tage sich Goslar beim Bunde über Bedrängnisse seitens des Herzogs beschwerte, insbesondere, wie er mit den im städtischen Gebiet gelegenen Pfründen nach eigenem

---

[1]) Ranke, Bd. IV S. 77, Anm. 2.

Ermessen zu schalten suche und ihrem Gotteskasten die Einkünfte vorenthielte. Wohl richteten daraufhin die beiden Oberhauptleute ein ernstes Schreiben an den Herzog, zu weiteren Klagen keinen Anlass zu geben, da sie die verbündete Stadt nicht zu verlassen gedächten[1]); der aber war keiner Übergriffe geständig und drohte auch seinerseits deutlich genug: da von seinen Gegnern derartige Vorwürfe nur in der Absicht erhoben würden, um auf unerlaubtem Wege zu erreichen, was sie im Rechten zu erlangen sich nicht getraut, so fühle er sich bewogen, solches dem Kaiser wie den ihm durch Verträge nahestehenden Fürsten zu vermelden[2]).

Als dann der Herzog in den nächsten Monaten zweimal das sächsische Gebiet passierte, liess auch der Kurfürst zum Entgelt für diese Aufnahme seinen Weg scharf durch Reisige beobachten.

Indessen nahmen Helds Bemühungen politische Gestalt an, wenn auch ihr Resultat weit hinter den Absichten der Urheber zurück blieb: nur zu einem religiösen Defensivbündnis verstanden sich am 10. Juli 1538 die bedeutendsten altgläubigen Reichsstände.

War es also dem Herzoge nicht gelungen, den konfessionellen Gegensatz unmittelbar seinen dynastischen Interessen dienstbar zu machen, so bot ihm doch der Abschluss des Bundes eine Handhabe, auf anderm weniger geraden Wege zum Ziele zu kommen.

Denn indem der Bund nur den Nürnberger Anstand anerkannte, der allein den damaligen Bekennern der Augsburgischen Konfession Stillstand der Prozesse in Religionssachen gewährte, nahm er das Vorgehen des Kammergerichts gegen die später

---

[1]) Johann Friedrich und Philipp an Herzog Heinrich. Braunschweig, 14. April 1538. Koncept mit dem charakteristischen Randvermerk des hessischen Kanzlers: »Nota: keine Salutation zu schreiben.« M. St. G. 38—40.
[2]) Hz. Heinr. an Joh. Fr. und Phil. Wolfenbüttel 23. Apr. 38. Kopie, ebenfalls ohne den üblichen Gruss. M. St. G. 38—42.

Ubergetretenen in Schutz und hielt sich zur Ausführung der gegen sie ergehenden Urteile berechtigt und verpflichtet[1]). Schon aber war unter den Gefährdeten gegen Minden die Acht gesprochen, andern gegenüber konnte täglich ein gleiches Erkenntnis erfolgen, und da die Schmalkaldener kein Hehl daraus gemacht hatten, dass sie sich einer Exekution gemeinsam widersetzen würden, so war überreicher Zündstoff vorhanden, um die beiden Bündnisse in verderblichem Ringen aneinander zu bringen.

Eben eine solche Verwirrung sehnte der Herzog herbei und knüpfte an sie die Hoffnung, ausgiebig im Trüben fischen zu können; musste es doch ihm, dem kriegskundigen, rücksichtslosen Oberhauptmann der sächsischen Bundesprovinz, dann ein leichtes sein, wenigstens die in seinem Machtbezirk gelegene Reichsstadt endgültig zu demütigen. So begierig, liess er seinem Partner sagen, wie die Altväter in der Vorhölle die Erlösung ersehnt hätten, habe er seiner Rückkehr vom kaiserlichen Hofe geharrt. Ob denn wahres an den Gerüchten sei, dass Held in Ungnade stehe und ohne Befehl gehandelt haben solle, oder dass es dem Kaiser nicht Ernst wäre, etwas wider die Lutherischen vorzunehmen: sonst möchte er die versprochenen Mandate erscheinen lassen, auch darauf dringen, dass in seinem Prozesse endlich Urteil erkannt würde; denn niemand, das wisse er, sässe jetzt tiefer im Bade, als sie beide [2]).

Die Gegner hatten mit dem wachsamen Scharfsinne der Bedrohten die Gefahr erkannt[3]); dem Argwohn folgten Rüstun-

---

[1]) »Copie eines berumpten fürsten raths andwordt uff Hessen etc. schreiben.« Wa auch ainer das recht gepraucht und erheldt, und das jegenteil will dem rechten widdersteben und den urteiln nicht vervolgen, so soll man dem zu seinem gewonnen und erlangten recht hulff tbun, und also die jegenwehr gegen der ungerechtigkeit soll gepraucht werden . . . Ohne Ort. 5. Nov. 38. M. Schm. B. 3⁸/⁹,

[2]) Instruktion Hz. Heinrichs an Held v. 15. Okt. 38. Konc. M.A.H.H. 19—39.

[3]) Schon am 12. Juli 38 schreibt der Kurfürst dem Landgrafen von Weimar aus: . . . und wil nit ungut sein, das E. L. und wir . . . der

gen; falsche Nachrichten kamen hinzu, die Gährung zu steigern.

Ende 1538 versicherte Held auf das bestimmteste, der Landgraf und Herzog Ulrich rüsteten gewaltig, um im nächsten Frühjahr einen völligen Umsturz der bestehenden Reichsordnung ins Werk zu setzen[1]). Am Hofe Ludwigs von Baiern, des oberländischen Hauptmanns, war man bereit, dem mit der That zuvorzukommen[2]); noch eifriger zeigte sich Herzog Heinrich. Man müsste schleunigst, schlug er vor, an die Kriegsräte des Bundes schreiben, dem Landgrafen durch das Kammergericht Abstellung seiner Rüstungen gebieten lassen und

---

ding wol gewahr nehmen, dan E. L. befinden, das etzliche seind der zeit darob trutziger geworden; und dieweil doktor Held des camergerichts grosser patron wil sein, und derselbe diese bundnus furnemlich darumb zu prakticiren bewegt ist worden, das E. l., wir und andere unsere vorwandten vorm jar zu Schmalkalden gegen ime in unser gegebenen antwurt haben vornehmen lassen, das wir seiner erclerung nach ir kais. mt. frieden und stilstand fur umbgestossen achten mussen; wo auch unter dem schein vermainter camergerichtsurteils, acht oder execution widder jemands unser ainung mit der that werde gehandelt werden, das wir beieinander mit rat, hulff und beistand uns darwidder aufzuhalten nit wusten zu lassen: so wil leichtlich zu gedenken sein, nachdem die kay. und kon. mten die obersten bundeshaupter und hauptleut sein, das solchs bundnus nit uf ain plosse defension allein, wie die unser, gemaint, sundern sich furnemlich dohin erstrecken werde, wann der kaiser oder konig und ir bundtsverwandten ir bequemikait ersehen, so wurden ire mten zu erhaltung irer reputation (wie man es nennt) die exekution widder die stende, so am camergericht der religion halben erlangt werden, ergehen zulassen, und wo wir uns dieses teils derselben wolten widdersetzen, wurden sin mit iren bundsverwandten widder uns aufsein, und wiewol sie das spiel mit irer thetlichen execution anfingen, wurden sie doch sagen, der rechten executio hette keinen gewalt, weil wir uns aber dawider setzeten, so where unsere handlung offensif.« . . . . . Konc. W. H. 93.

[1]) Held an Hz. Ludwig v. Baiern »vermainen, sy wollen in dem nechstkhonftigen jahr den khorab und allen sachen ain enndt nach irem wunschen und gevallen machen, und darnach selbs herrn und maister sein, alles setzen und entsetzen, was und wie es ihnen gefellt.« Neuhausen 5. Dez. 38. Kopie M. A. H. H. 19—39. Vergl. Hortl. IV c. 46 51.

[2]) Weissenfelder an Hz. Heinrich. München 18. Dec. 38. Hortl. IV c. 46, 43. Or. M. A. H. H. 19—39.

erforderlichenfalls bis zur Acht schreiten: während dessen könnten er und Baiern sich gefasst machen[1]).

Der Zufall fügte es, dass der mit dieser Mission an Held und Kurmainz beauftragte Sekretär unweit Kassel auf den Landgrafen stiess, der gerade auf die Wolfsjagd ritt. Durch ein ängstliches Ausweichen zog er die Aufmerksamkeit des Fürsten auf sich; angehalten und befragt, gab er sich schnell gefasst für einen kurbrandenburgischen Diener mit einem Auftrage an das Kammergericht aus und bekräftigte eidlich seine Auskunft. Doch indem erkannte ihn das Jagdgefolge, man nahm den Verdächtigen fest, führte ihn in die Stadt und fand und erbrach seine Schriften[2]). Es gab der alten Freundschaft den Todesstoss, wie der leidenschaftliche Landgraf so plötzlich Einsicht gewann in dies verderbliche Treiben seines Widersachers; nicht minder tief musste ihn die anzügliche Weise verletzen, wie die Instruktion an den Erzbischof seiner Person gedachte: sein unstäter Sinn, der ihm keine Ruhe gönne, als auf der Jagd, werde noch in Tollheit umschlagen, sei es bereits über die Hälfte.

Inzwischen machte sich jedoch infolge der europäischen Gesamtlage eine beruhigendere Strömung geltend. Aus Karls V. Stellung und Politik erklärt es sich, dass er und seine Staatsmänner unter verschiedenen Verhältnissen eine sehr verschiedene Haltung gegenüber den Protestanten beobachtet haben [3]): dringend musste dem Kaiser jetzt die Aufrechterhaltung des Friedens geboten erscheinen. Denn eben, nachdem der Waffenstillstillstand zu Nizza ein friedliches Verhältnis zu Frankreich angebahnt hatte, trat der Gedanke in den Vordergrund alle verfügbaren Kräfte gegen die überhandnehmende Macht der Osmanen zu verwenden; ein feindliches Aneinandergeraten der deutschen Stände aber hätte diesem Unternehmen ihre so notwendige Unter-

---

[1]) Hortl. IV c. 2. 8.
[2]) Hortl. IV c. 2. 2 ff.
[3]) Vergl. über des Kaisers und Helds Politik ausser Ranke Maurenbrecher, Allg. d. Biographie XI S. 683 (Held); Varrentrapp, Herm. v. Wied I S. 98 und neuerdings auch Heide, Histor.- polit. Blätter. Band 102 S. 713 ff.

stützung entzogen. Somit erschien neben Held der Erzbischof von Lund im Reich, um gemeinsam mit den gemässigten Elementen der reichsständischen Mehrheit, wie sie Pfalz und Kurbrandenburg darstellten, das Geschäft der Vermittelung zu übernehmen. Obwohl der katholische Bund sich schlüssig geworden war, die Rüstung nur so lange fortzusetzen, als die der Gegner ernste Besorgnisse rechtfertigte, und selbst keine Ursache zum Unfrieden zu geben[1]), liess doch die Spannung in Norddeutschland nicht nach, sondern erreichte gerade, als zu Frankfurt die entscheidenden Verhandlungen gepflogen wurden, ihren Höhepunkt. Einen besondern Anlass zur Beunruhigung bot es, dass ein gewaltiger, stetig anschwellender Haufen Landsknechte im bremischen Erzstifte versammelt lag[2]), die dem Herzog, wie man wusste, zugesagt hatten, 14 Tage lang seiner Bestellung gewärtig zu sein. Nicht nur richteten daraufhin die Stadt Bremen und der dorthin entsandte sächsische Landvogt Bernhard von Mila einen »Gegenlauf« an; auch die Mehrheit der zu Frankfurt versammelten evangelischen Stände beschloss, als die Landsknechte verwüstend in das Lüneburgische eindrangen, einen offenen Angriff auf Herzog Ernst von bundeswegen zurückzuweisen[3]).

In diesen Tagen war der Landgraf durch seine überhandnehmende Krankheit bestimmt worden, auf die persönliche Anteilnahme an den Frankfurter Verhandlungen zu verzichten und in der Kur zu Giessen Linderung zu suchen.[4] Aber die

---

[1]) Abschied zu Pilsen vom 12. Febr. 39. gedr. bei Bucholz, Gesch. d. Regierung Ferdinands I. IX. 371.

[2]) Ihre Zahl wird am 8. April von den lüneburger Herzögen auf 9000, am 13. April von Goslar auf 8000 angegeben; etwa am 21. April waren sie auf 13,000 angewachsen nach dem Berichte Hermanns v. d. Malsburg an Phil. Or. o. O. (Kassel) 23. Apr. 39. pr. Giessen 24. Apr. M. E. V. 39.

[3]) Feige an Phil. Frankf. 14. Apr. Or. o. Pr. M. Schm. B. 39; Protokoll Feiges vom 16. April, und die Schreiben des Kurfürsten und Landgrafen an Ernst von Lüneburg, Bremen u. Bernh. v. Mila. O. O. 17. April; sämtlich Koncepte. M. E. V. 39.

[4]) Vergl. Lenz I S. 71. A. 3.

Aussicht auf einen Waffengang mit seinem Todfeind verlieh seiner regsamen Natur neue Spannkraft. Man müsse, war seine Ansicht, wenn man zu Frankfurt nicht zureichende Sicherheit erlangte, die Knechte gewaltsam zerstreuen, um der ewigen Unruhe ein Ende zu machen, das Erzstift besetzen, Herzog Heinrichs Land bis auf die festen Plätze einnehmen und ihn wenigstens zwingen, den angerichteten Schaden zu ersetzen. Bis Mitte Mai hoffte er wieder im Vollbesitz seiner Kraft zu sein; dann wollte er sich gerne gegen den Mann gebrauchen lassen, »geschee es nicht zu hengst, so geschee es aber zu cloppern[1].«

Da liefen dringliche Vorstellungen Goslars ein: städtische Unterthanen seien in den Gehölzen von fürstlichen Beamten fast zu Tode geschlagen, dazu zwei ihrer Förster misshandelt und weggeführt. Der Herzog, meinten sie, müsse es darauf anlegen, dass man sich wieder an den seinen vergreifen solle, um Grund zu haben, die Stadt mit Heereskraft zu überziehen. Bisher habe man sich nicht zur Wehr gesetzt, aber kaum halte man die erbitterte Bürgerschaft länger im Zaum, denn unleidlich sei es, so elend und erbärmlich länger unter die Füsse getreten zu werden; begegne der Stadt darum etwas Beschwerliches, so möge der Bund seines einstigen Versprechens zu Braunschweig, sie nicht zu verlassen, eingedenk sein[2].

Dazu kamen weitere besorgniserregende Nachrichten. Der Lüneburger klagte über die Wirtschaft der Knechte; Mila war von einem Anhänger Herzog Heinrichs berichtet, dieser bezwecke durch seine Rüstungen, einem seiner Söhne die Nachfolge auf dem Erzstuhle zu sichern; Bremen besorgte, er wolle zum Verderb der Hinterländer Elbe und Weser »als enen slotell der sze« in seine Gewalt bringen[3].

---

[1] Philipp an seine Räte zu Frankfurt. Giessen 15. Apr. Konc. M. E. V. 39.

[2] Goslar an Joh. Fr. nnd Phil. 13. Apr. 39. Or. o. P. (Giessen 17. Apr.) M. St. G. 38—40.

[3] Die Genannten an Joh. Fr. und Phil. Celle 16., bez. Bremen 15. Apr. Orr. o. Pr. (pr. sämtlich Giessen 18. Apr.) M. Schm. B. 38—39.

Von neuem hiess hierauf der Landgraf seine Räte in den Erzbischof von Lund dringen, den Herzog zur Abschaffung der Knechte zu nötigen; würde ein religiöser Anstand ohne diese Garantie getroffen, so dürfe man dennoch nicht Goslar und Bremen im stiche lassen. Genügender Grund zum Kriege wären alsdann des Herzogs Praktiken, Lüneburg und die niedersächsischen Städte seien willig wie selten, Herzog Erich der Knechte halber missgestimmt, und der Kaiser anderweitig in Anspruch genommen; auch sei überhaupt, so lange dieser Gegner nicht gefallen, kein dauernder Friede zu erhoffen[1]).

. Doch schon der nächste Tag brachte den Abschluss des Anstandes auf 6, eventuell 15 Monate: unter Suspension der Prozesse für alle damaligen Bekenner der Augsburgischen Konfession wurde die Aussicht auf einen religiösen Ausgleich im Rahmen der deutschen Nation eröffnet[2]), und Lunden gab die Zusage, beim Herzoge die Abschaffung der Knechte zu betreiben. So verschwand die beunruhigende Situation; ohnehin hatten die Stände zu einem offensiven Vorgehen hauptsächlich aus Sparsamkeitsrücksichten ihre Zustimmung verweigert; durch den Anstand hielten sie sich einstweilen gedeckt[3]).

Unterdessen gelang es Mila, die Hauptleute der Knechte auf seine Seite zu bringen, er harrte nur auf Befehl, um den Herzog das so gewonnene Übergewicht voll auskosten zu lassen: da nötigte auch ihn der getroffene Anstand, sich ruhig zu verhalten[4]).

---

[1]) Philipp an Boineburg und Feige. Giessen 18. Apr. gedr. Anhang I.

[2]) Vgl. bezüglich des Frankfurter Anstandes die von Rankes Auffassung (IV. S. 97) abweichende pessimistische Beurteilung desselben durch Bucer und Lenz I S. 70—80.

[3]) Boineburg und Feige an Phil. Frankfurt 19. Apr. (s. Anhang I.) und 21. Apr. pr (Giessen) 21. Apr. M. E. V. 39.

[4]) Mila an Phil. Bederkesa 30. Apr. pr. Giessen 6. Mai. Zettel. »So der anstandt zu Franckfurth nicht gemacht wer, wolt ich itzunt die wege wol treffen, das die leuth, so solche hinderlist und bose stuck gebraucht, mit irem eigen schwerdt solten geschlahen werden« Or. M. E. V. 39.

Die Verwendung der bereitstehenden Kriegsmacht stellte der Landgraf der Stadt Goslar anheim[1]); doch trug sie, wie vorauszusehen, Bedenken, zu einem so gewagten Mittel anders als in rechtmässiger Verteidigung zu greifen.

Dem Herzoge, der sich nach Helds Vertröstungen eines andern zum Kaiser versah, musste diese Politik der Versöhnung eine arge Enttäuschung bereiten, aus wie grosser augenblicklicher Verlegenheit ihn auch der Abschluss zu Frankfurt befreite.

Hinzu kam, dass eben in diesen Tagen, am 17. April, Georg von Sachsen, nächst ihm die verlässlichste Stütze des Nürnberger Bundes, die müden Augen schloss, und sein Bruder Heinrich als Glied der Schmalkaldischen Einung das reiche Erbteil mühelos evangelisierte.

Immer isolierter wurde des Herzogs religiös-politische Stellung. Schon um die Mitte des vorigen Jahres war sein Eidam, Markgraf Hans von Brandenburg, dem väterlichen Glauben untreu geworden; nun folgte auch dessen Bruder Kurfürst Joachim. Des Herzogs Oheim ferner, Erich von Braunschweig-Calenberg, hatte, obwohl er dem Nürnberger Bündnis beigetreten war, kürzlich jeder feindseligen Unternehmung gegen die Protestanten seine Teilnahme versagt und ein viermaliges dringliches Ansuchen seines Neffen um eine vertrau-

---

[1] Phil. an Goslar. Giessen 24. Apr. Weret ir nun bedacht, euch mit euren ainungsverwanten und benachbaurten stetten gegen herzog Heinrichen von Braunschweig zu wenden, aus ursachen, dz er am jungten einen burger und furster wider den landfriden also angegriffen, so deucht uns, ir kontet itzo herzog Heinrichen wol ein feder auszihen, diweil er so plos ist und irs gut ursach hettet, dweil er so landfridbruchig gegen euch gehandelt. Und so dz euer meinung wer, so mocht ir zu ern Bernten von Milen ins Heigerland schicken, da die knecht liegen, und di annemen lassen; doch wolten wir euch hirin nicht weiter geraten haben, dan euch selbst vor gut ansicht und irr (?) mit eurem (?) gewissen und dem landfrieden thun mogt (die letzten Worte eigenhändig vom Landgrafen); wolt irs aber itzo anstehen lassen, so stellen wirs auch in euer bedenken. Konc. M. E. V. 39.

liche Zusammenkunft abschlägig beschieden [1]); seiner milden Gesinnung entsprechend liess er wenigstens der evangelischen Überzeugung seiner Gemahlin, Elisabeth von Brandenburg, frei gewähren, die nach seinem alsbaldigen Ableben als Regentin für ihren minderjährigen Sohn auch in diesem Lande der neuen Lehre eine bleibende Stätte bereitete. »Also, klagte Held, geht ein Unrat auf den andern, und zuletzt alles zu verderblichem und unwiederbringlichem Abfall [2]).«

Wohl erwachte noch einmal der vorsorgende Kriegseifer des Landgrafen, als nach Ablauf der zunächst vorgesehenen halbjährigen Dauer der Kaiser den Frankfurter Anstand nicht ratifizierte, und von England aus die bedrohlichsten Nachrichten über den Zweck eines kaiserlich-französischen Bündnisses unter päpstlicher Vermittelung einliefen; auch tauchte in Verbindung damit wieder der flüchtige Gedanke eines umfassenden Unternehmens gegen seinen Todfeind auf [3]). Doch ward sein Übereifer gezügelt durch den Arnstädtischen Abschied des Schmalkaldischen Bundes, sich friedfertig zu verhalten, bis unzweideutige Massregeln eines feindlichen Überzuges vorlägen: einstweilen sollte eine Bundesgesandtschaft unter Führung Georgs von der Planitz dem Kaiser bei seiner alsbaldigen Ankunft in den Niederlanden ihre gesamten Beschwerden vorstellen [4]).

Hier, am Genter Hofe, trafen sich mit ihren Bemühungen die der Gegenpartei: warb Herzog Heinrich persönlich für die eignen Interessen wie die Sache des Nürnberger Bundes, und erneute Held seine alten Anträge auf Niederwerfung der Protestanten durch Vollziehung der kammergerichtlichen Achtsdekrete [5]).

---

[1] Johann Nordeck an Phil. Kassel 22. März 39. Or. o. Pr. M. E V. 39.
[2]) Hortl. IV c. 46. 43.
[3]) S. Lenz I S. 407.
[4]) Abschied zu Arnstadt, undatiert. W. H. 108. Auszug aus demselben M. E. V. 39.
[5]) Vergl. Ranke Bd. IV S. 121—136.

Monate lang hielt sich der Kaiser die Entscheidung offen. Wie immer musste die Art seines Auftretens in Deutschland bedingt sein durch Gesichtspunkte, die sich aus seiner universalen Stellung ergaben; wie aber die europäische Gesamtlage sich gestalten würde, war nicht abzusehen vor dem Ausgange der Verhandlungen, die eben mit Franz I. über ein habsburgisch-französisches Ehebündnis gepflogen wurden. Erst das Scheitern dieser Pläne machte bei dem drohenden Anpochen der Osmanengefahr ein feindseliges Vorgehen gegen die Protestanten undenkbar und nötigte den Kaiser, in Anlehnung an die Gesamtmacht beider Bekenntnisse Deutschlands eine Stütze nach Osten und Westen hin zu suchen.

So trat denn die versöhnliche Richtung, wie sie Lunden zu Frankfurt angebahnt hatte, wieder in den Vordergrund, und am 14. September 1540 erging von Brabant aus an die deutschen Reichsstände die Ladung, im Anfang des nächsten Jahres zu Regensburg zum religiösen Einigungsversuch zusammenzutreten, dessen dialektische Vorbereitung der Gesprächstag zu Worms bilden sollte [1]).

Der Umschwung in den europäischen Machtverhältnissen wirkte indes auf Deutschland durchaus nicht so unmittelbar zurück, dass sich die extrem-katholische Bewegung sogleich hätte matt setzen lassen. Vielmehr nahmen eben jetzt ihre Äusserungen ein für die protestantische Sache so bedrohliches Aussehen an, dass sich der Schmalkaldische Bund ausser stande sah, seine bisherige Zurückhaltung gegen den Herzog länger zu bewahren.

Zunächst nämlich hatte das religiöse Moment den ererbten und natürlichen Gegensatz zwischen der aufstrebenden Fürstenmacht und der selbstbewussten Stadt Braunschweig wieder neu belebt. Seit den Zeiten Heinrichs des Löwen die

---

[1]) Ausschreiben an Kursachsen. Kopie. M. RT. 41.

mächtigste Kommune der welfischen Lande, fehlte ihr zur vollen Selbstständigkeit fast nichts als der Name: nur so lange verpflichtete sie ihr Unterthaneneid dem Gesamthause Braunschweig-Lüneburg treu, hold und gewärtig zu sein, als auch sie bei »Gnaden, Freiheit, Gerechtigkeiten und alten Gewohnheiten« gelassen würde. Bei der fortschreitenden Ausbildung der Territorialgewalten war es allerdings erklärlich, wenn der Herzog nunmehr den Anspruch auf die lange unterbliebene Huldigung für sich allein erhob.

Die Einführung der Reformation in Braunschweig konnte das unklare Verhältnis der Stadt zur landesherrlichen Gewalt nur noch steigern und musste wegen des eigentümlichen Durcheinandergreifens der beiderseitigen Machtbefugnisse neue Misshelligkeiten im Gefolge haben. Denn während die welfischen Präbenden in der evangelischen Stadt, das Burgstift zu St. Blasien und das Aegidienkloster, wie das unmittelbar vor dem Walle gelegene Cyriakusstift bei der alten Lehre verharrten, so stand es umgekehrt mit den beiden in das fürstliche Gebiet sich erstreckenden Gerichten Asseburg und Eiche, welche der Stadt Braunschweig durch langjährige Verpfändung zustanden. Hier kam dem Herzoge wohl die Besetzung der Pfarrlehen zu, doch hatte der Rat, im Besitze aller sonstigen Hoheitsrechte, ohne Bedenken die evangelische Kirchenordnung eingeführt. —

Schon bei der Aufnahme der protestantischen Bundesversammlung drohte der Fürst, sich an der Stadt schadlos halten zu wollen. Als dann der Rat zwei Geistliche des Burgstiftes, welche einem Bürger das Abendmahl unter einerlei Gestalt gereicht hatten, mit Ausweisung bestrafte und den städtischen Unterthanen den ferneren Besuch des Domstiftes verbot, erhob der Herzog heftigen Einspruch und befahl dem Rate, in allen religiösen Fragen den Weisungen der von ihm eingesetzten Visitatoren Folge zu leisten. Natürlich fand diese Vorschrift keine Beachtung; vielmehr hielt sich der Rat bald darauf verpflichtet, dem anstössigen Leben des Kapitels zu steuern und vermöge des ihm dort mitzustehenden Vogteirechtes die verdächtigen Haushälterinnen der Priester aus dem Umkreise der Stadt zu entfernen. Als jedoch diese auf dem Cyriakusberge Aufnahme fanden, und Abmahnungen bei den Geistlichen dieses Stiftes nichts fruchteten, wurde auch letzteren das weitere Betreten der Stadt untersagt.

Da ferner das Aegidienkloster allmählig verödete, weil seine Insassen sich dem Evangelium zuwandten und austraten bis auf zwei, die gütlich abgefunden wurden, so betraute der Rat ein eignes Kuratorium mit der Verwaltung der Klostereinkünfte, die zum teil von altersher zur Anstellung von Predigern, zum Unterhalte von Schulen, wie zur Armenpflege verwandt wurden, und bat den Herzog ihnen auch den im Fürstentume gelegenen Besitz — wie das Dorf Mönchevalberg — gegen gebührende Rechnungsablage zu überweisen. Aber dieser beanspruchte dasselbe Recht, schaltete nach Gutdünken mit den ihm erreichbaren Gütern und forderte Herausgabe der übrigen; ein Ansinnen, gegen welches sich die Stadt auf ein Verbot des Lüneburger Herzogs als Mitpatronatsherrn dieser Stiftung berufen konnte. Den reformierten Kirchen der beiden verpfändeten Gerichte entzog er die Einkünfte, verlieh sie seinen Untergebenen und nötigte damit die Stadt, die dortige Seelsorge aus eignen Mitteln zu bestreiten.

Weltliche Streitfragen kamen hinzu. So hatte der Fürst das Recht auf eine jährliche Schafschatzung, welches ihm vom Rate im Gerichte Asseburg zugestanden war, dazu missbraucht, 1200 Schafe wegtreiben zu lassen — nur unter der Angabe, dass einige Besitzer ihr Vieh der Besteuerung vorenthalten hätten. Um ferner das städtische Dorf Ampleben unter seine Botmässigkeit zu bringen, befahl er den Bauern, sich fortan seinem Gerichtszwange zu unterstellen und ihre Zinsen und Pachtgelder in seine Kämmerei zu entrichten; da diese nur das Gegengebot ihrer alten Obrigkeit anerkennen wollten, war eine Bedrückung der Widerspenstigen die Folge [1]).

---

[1]) Quellen für die Entwickelung des Konfliktes bis in den August 1540: Die Rechtfertigungsschreiben der Stadt vom 13. Nov. 1540 und 16. März 41.

Die Klagen der Stadt und ihr Erbieten zu öffentlichem Verhöre wurden dem Kaiser mit den übrigen Beschwerden der Protestanten durch Planitz vorgetragen. Aber noch schwebten die aussichtsvollen französischen Unterhandlungen, und behauptete sich Held in einflussreicher Stellung: wie hätte der Kaiser um einer ihm so gleichgültigen Sache willen sich seinen ergebensten Anhänger entfremden sollen! Durch ein Mandat vom 31. März 1540[1]) — welches, wie es von Held mitunterzeichnet war, auch von ihm im Einverständnis mit dem ebenfalls am Hofe befindlichen Herzoge entworfen sein wird — wurde der Stadt ernstlich befohlen, alle Eingriffe gegen den Fürsten und die Seinen, ob geistlichen oder weltlichen Standes, wiederabzustellen und sich als gehorsame Unterthanen zu halten; beharre sie dagegen in ihrem eigenmächtigen Vornehmen, so drohte der Kaiser, den Fürsten mit billiger Hülfe nicht zu verlassen. Gleichzeitig wurde den umliegenden Hansestädten, die den Herzog an ihre Bundesverpflichtungen gegen Braunschweig erinnert hatten, jede thätliche Einmischung streng untersagt[2]).

Den Schutz, welchen die Stadt am kaiserlichen Hofe vergeblich suchte, fand sie beim evangelischen Bunde.

Schon auf dem Tage zu Arnstadt hatten ihr die Stände Hülfe zuerkannt, falls sie wegen der ehemaligen Aufnahme der Tagfahrt, der Verweisung der beiden Geistlichen und des Verbots des Domstiftes vom Herzoge vergewaltigt würde. Zugleich war den Herzögen Ernst von Lüneburg und Philipp von Braunschweig-Grubenhagen auferlegt, in Ausübung ihrer Mitpatronatsrechte das Blasiusstift zur Reformation anzuhalten[3]). Wohl schwankten die dortigen Priester in ihrem Entschlusse, als nun eine Gesandtschaft beider Fürsten auf Annahme der

---

bei Hortl. IV c. 17 und c. 20, wie die Verantwortung der Protestanten von 1544 samt der Entgegnung und Duplik bei Hortl. IV c. 46, 67—75; c. 47, 35—52; c. 48, 54—72. Vergl. auch Rehtmeyer. Der berühmten Stadt Braunschweig Kirchenhistorie. Braunschweig 1707, I c. V 133—145.

[1]) Gedr. Hortl. IV c. 47. 115 ff. (W. H. 126.)
[2]) Gedr. Hortl. IV c. 46. 91.
[3]) S. S. 29. Anm. 4.

evangelischen Lehre drang; da aber während der erbetenen Bedenkzeit Herzog Heinrich ihnen drohen liess, er werde eine Nachgiebigkeit mit ihrer Verweisung aus der Domfreiheit und Einziehung aller im Fürstentum gelegenen Stiftsgüter bestrafen, andernfalls jedoch Schutz und zwiefachen Schadenersatz in Aussicht stellte, so entschieden sie sich, die angesonnene Neuerung zurückzuweisen [1]).

Gleich darauf traten aufs neue die evangelischen Stände zu Schmalkalden zusammen. Ausdrücklich wurden hier die Arnstädtischen Beschlüsse bestätigt und auf die Verweisung der übrigen Personen ausgedehnt. Auch wurde der Stadt Bundeshülfe zugesichert, falls sie der Herzog einer Drohung gemäss ihrer Privilegien, Freiheiten und Güter entsetzen, oder versuchen sollte, ihre Dörfer der neuen Lehre wieder abwendig zu machen — wie er denn kürzlich städtische Bauern hatte vor Gericht ziehen lassen, weil sie eine Taufe in deutscher Sprache und ein Begräbnis ohne die altgläubigen Ceremonien vorgenommen hatten. Mit der begonnenen Visitation der Stifter sollten die beiden Fürsten mit Hülfe des Rates und unter Garantie des Bundes baldigst fortfahren. Bezüglich der weltlichen Beschwerden erklärte man sich jedoch inkompetent und riet der Stadt, auf des Herzogs Gegenklage einen »eigentlicheren« Bericht beim Kaiser einzureichen [2]).

So übergab denn Planitz, selbst voll Misstrauen gegen den Erfolg [3]), die von den Ständen für gut befundene Duplik. Aber schon äusserte sich am kaiserlichen Hofe der Umschwung; der Abschied, welchen die Gesandtschaft bezüglich Braunschweigs empfing, war wenigstens ohne die einseitige Schärfe der vorigen Willensäusserung: die Stadt wurde angewiesen,

---

[1]) Werbung der Fürsten vom 29. Januar, Herzog Heinrichs v. 22. Februar und Antwort des Kapitels v. 3. März 1540. Kopien. W. H. 126.
[2]) Abschied zu Schmalkalden vom 15. April 1540. W. H. 121.
[3]) Georg v. d. Planitz an Joh. Fr. und Phil. Antwerpen 25. Mai 40. pr. o. O. 9. Juni. »Ich fürchte aber, es werde in der goslarischen und braunschweigischen sachen, aldieweil doctor Held hie, wenig fruchtbars erlangt.« Ähnlich ders. Antwerpen 20. und Brüssel 31. Mai. Orr. M. St. G. 40.

ihre Beschwerden anhängig zu machen, und vertröstet, der Kaiser werde darauf sehen, dass sich der Herzog keine ungerechten Thätlichkeiten wider sie erlauben solle [1]).

Unterdessen hatte der nachbarliche Zwist ein ernsteres Aussehen angenommen. Den Bürgern, welche vom Aegidienkloster Güter zu Lehen trugen und ihre Abgaben den städtischen Verwaltern entrichteten, verboten die Wolfenbüttelschen Räte das fernere Betreten des fürstlichen Gebietes; bald begannen sie auch, in den hart vor den Thoren gelegenen Klostergehölzen, dem Haidberg und Wolfshagen, holzen zu lassen. Da gütliche Abmahnungen erfolglos blieben, so griffen die Bürger zur Gegenwehr, verjagten Vögte und Arbeiter und führten selbst den Rest der gefällten Stämme auf den Klosterhof ein.

Die Herzoglichen antworteten mit zahlreichen Plackereien, liessen wiederholt zum empfindlichen Nachteil für Handel und Verkehr städtische Brücken und Stege abbrechen, entsandten reitende Rotten, um in und vor den braunschweigischen Landwehren zu streifen, und verboten auf den umliegenden Dörfern zum bevorstehenden Pfingstfeste Lebensmittel in die Stadt zu bringen. Dazu wurden vier Amplebensche Bauern, die nach wie vor ihre Abgaben der Stadt entrichtet hatten, hinter dem Pfluge aufgegriffen und zu Wolfenbüttel in den Block gelegt, andere desselben Gerichtes mit harter Schatzung heimgesucht. Nun zögerte auch der Rat nicht, zu gleichen Repressalien seine Zuflucht zu nehmen, und zog Anfang Mai sieben gerade in der Stadt anwesende herzogliche Unterthanen gefänglich ein [2]).

Fürstlicherseits zahlte man dies mit einem grossen Gegenzuge heim: eine Anzahl Ratsherren und die angesehensten Bürger, an 80 Personen, forderte der Grossvogt von Wolfen-

---

[1]) Antwort Obernburgers im Namen des Kaisers. aktum Brüssel d. 15. Juni. Or. ebenda.

[2]) Braunschweig an Phil. 16. Mai 40. Or. mit beiliegenden Kopien des städtischen Rechtfertigungsschreibens an den Kaiser, die vornehmsten Reichsstände und benachbarten Fürsten u. Städte v. 15. Mai. M. St. Br.

büttel, Balthasar Stechau, zu ihrer Verantwortung vor das Bauerngericht im Dorfe Salzdahlum. Als die Geladenen zum anberaumten Termine nur einen Vertreter entsandten, um auf Grund der städtischen Gerechtigkeiten ihre Verwahrung einzulegen gegen die Kompetenz eines derartigen Gerichtes, liess man diesen überhaupt nicht zu Worte kommen und eröffnete in Abwesenheit der Angeklagten das Verfahren. Der Ausgang konnte nicht zweifelhaft sein, waren doch die zu Gericht sitzenden Bauern vorher vom Grossvogte unterwiesen, welches Urteil sie fragen und finden sollten: am 2. Juni[1]) wurden die Beschuldigten geächtet, weil sie zu dem bisherigen Verhalten der Stadt »Rat und That gegeben« hätten[2]); zugleich ward der Landbevölkerung befohlen, sie anzuhalten, wo sie sich blicken liessen, und nach Wolfenbüttel einzuliefern.

Eine Ruhepause folgte — augenscheinlich verschoben die Räte weitere Massregeln auf die bevorstehende Heimkunft ihres Herrn; kurz nach seiner Rückkehr aber liess dieser, am 10. August, den Stadtkämmerer mit einem Ratssekretär[3]), gleichzeitig auch andere im Fürstentume reisende Bürger festnehmen und drohte, sie so lange in Gewahrsam zu behalten, bis die Stadt dem kaiserlichen Mandate zufolge ihm schuldigen Gehorsam leisten und die Gefangenen mit Entschädigung freigeben würde. Die vier Amplebenschen Bauern liess er zum Tode verurteilen und bereits die Vorbereitungen zur Exekution treffen: nur die Fürsprache einiger Adeliger rettete ihnen das Leben. Da ferner das Streifen der Reiter immer lästiger wurde, der Verkehr, die Ab- und Zufuhr stockte, und die städtischen Zinsen und Naturaleinkünfte aus dem Fürstentume mit Beschlag belegt wurden, so erbat sich die Stadt von den

---

[1]) Das in der protestantischen Verantwortung von 1544 bei Hortl. IV c. 46, 74 angegebene Datum Mitwoch nach Marcelli (20. Januar) 1540 ist falsch. Da die Gerichtssitzung nach dem gleichzeitigen Berichte der Stadt an den Landgrafen am 2. Juni stattfand, so ist jene Angabe gewiss auf ein Versehen für »Mitwoch Marcellini« (et Petri) zurückzuführen.

[2]) Braunschweig an Phil. 7. Juni 40. Kopie W. H. 137.

[3]) Johann Koch; der andere, Dietrich Preuss, war unter der Zahl der Geächteten.

beiden Bundeshauptleuten eine Unterstützung von 150 Reitern, um »dargegen zu streifen und also einer Gewalt mit der andern zu steuern«[1]). Auch vermeldete sie dem Kaiser, dass sie sich zu rechtlich erlaubter Gegenwehr genötigt sähe, falls ihren Beschwerden nicht abgeholfen würde. Die Oberhauptleute waren bereit, dem Gesuche nachzukommen. Der Landgraf schlug sogar vor, die begehrte Anzahl Reiter auf 200 zu erhöhen; wenn, meinte er, die mit Braunschweig besonders verbündeten niedersächsischen Städte sich zu einer gleichen Hülfe verständen, und man dann in dieser Kriegsbereitschaft nur etwa ein halbes Jahr beharrte, so würden beim Gegner schon zuletzt »Koch und Kellner« den Frieden bringen; auf jeden Fall aber müsse man das Unternehmen so ins Werk setzen, dass man nicht Gefahr laufe, gleich im Anfange einen Verlust zu erleiden, und also Schrecken und Kleinmut unter der evangelischen Partei einreissen könne[2]). Da nach den Beschlüssen zu Schmalkalden die Zustimmung des Bundes kaum einem Zweifel unterliegen konnte[3]), so begnügten sich die Fürsten, den Ständen ihren Entschluss mitzuteilen und sie zu erinnern, sich erforderlichenfalls auf die Berufung der Kriegsräte gefasst zu machen[4]). Den hessischen Vorschlägen gemäss ermächtigte dann der Kurfürst als damals regierender Hauptmann die Stadt, von dem teilweise bei ihr niedergelegten

---

[1]) Braunschweig an Phil. 13. August 40. Kopie mit beiliegender Abschrift des herzogl. Schreibens an die Stadt vom 11. August. W. H. 139.

[2]) Phil. an Joh. Fr. Zapfenburg 1. Sept. und Habichtswald 5. Sept. 40. »dann am ersten verlust und gewinst gemeiniglich der gemein man gross ufmirken hatt.« Orr. W. H. 140.

[3]) Ihren Anspruch auf Bundeshülfe führt die Stadt in e. Schreiben an d. Landgr. v. 4. Sept. 40 aus. Kopie W. H. 139. Sie beruft sich darauf, dass der Herzog seinen eignen Worten (v. 11. Aug.) nach die letzten Gewaltthaten vorgenommen habe, um dem kaiserl. Mandate (v. 31. März) Gehorsam zu erzwingen, dieses aber die Zurücknahme der städtischen Massregeln befiehlt, deren Aufrechterhaltung zu Arnstadt und Schmalkalden für Bundessache erklärt ist.

[4]) Sächsisches Koncept, undatiert, als »Notel« am 14. Sept. dem Landgrafen zur Einsicht übersandt. W. H. 126.

Bundesschatze die 200 Reiter auf einige Monate zu besolden; zwei Rittmeister, der sächsische Amtmann Nickel von Minkwitz, und von Seiten des Landgrafen Wilhelm von Schachten, ein mit dem Herzoge verfeindeter braunschweigischer Landsasse, sollten den Oberbefehl über die Truppen führen und der Stadt bei der Musterung und Besoldung wie im Kriegsrate zur Seite stehen [1]).

Unterdessen gewann es am Herde des Unfriedens den Anschein, dass eine gütliche Lösung noch nicht ausgeschlossen sei. Als nämlich Ende August der Landtag des Fürstentums zusammentrat, gingen beide Parteien auf sein Anerbieten eines Vermittelungsversuches ein [2]).

Doch schon betreffs der Malstatt zogen sich die Verhandlungen in die Länge, da die Stadt trotz des erlangten fürstlichen Geleits das vorgeschlagene Kloster Riddagshausen für zu abgelegen und unsicher hielt, um dahin ihre zum grössten Teile geächteten Vertreter zu entsenden, und sich auf ein jedesmaliges Hinterbringen der Vorschläge nicht einlassen wollte. Mit einstweiliger Umgehung dieser Frage erschienen dann die Vertreter des Landtagsausschusses vor den Thoren und brachten die Auswechselung der Gefangenen zur Sprache. Ebenfalls ohne Erfolg; denn da beide Teile sich darauf beriefen, nur defensionsweise einer des andern Unterthanen gefangen gesetzt zu haben, so wären nach der Auffassung des Herzogs die Amplebenschen Bauern nicht mit in Anrechnung gekommen, auch wollte dieser nicht vor Erfüllung des kaiserlichen Mandates die vom Rat für den Beginn der Haupthandlung geforderte Sicherheit der Personen und des Eigentums der Stadt zugestehen [3]).

---

[1]) Joh. Fr. an Phil. Weidenhain (bei Torgau) 14. Sept. und andere zahlreiche Schriften beider Fürsten aus der Zeit vom 30. Aug. bis 24. Sept., sämtlich W. H. 140. Vergl. Neudecker, Urkunden aus der Reformationszeit. S. 578 ff.

[2]) Quellen für den Vermittelungsversuch der Stände: Heinrichs Bericht an die Landschaft v. 23. Okt. u. Braunschweigs Verantwortungen v. 13. Nov. 40 und 16. März 41, bei Hortl. IV c. 15, 17 und 20.

[3]) Braunschweig an Phil. 10. und 14. Sept. Kopien W. H. 140.

Aussichtsvoller liess sich ein neuer Versuch an: der Cyriakusberg wurde zur Zusammenkunft bestimmt, der Herzog machte die Annahme der städtischen Bedingungen nur noch von der Zurücknahme der gegen die Stiftspersonen verhängten Massregeln abhängig, und der Rat erklärte sich bereit, darauf einzugehen, sofern diese keinen Grnnd zu weiteren Ärgernissen geben wollten — wenngleich er sich überzeugt hielt, dass der Gegner durch diese Nachgiebigkeit nur in arglistiger Absicht den Handel hinzuziehen suche.

Beiderseits jedoch fehlte der rechte Ernst; da auch noch während dieser Vorverhandlungen der Herzog städtische Unterthanen hatte aufgreifen lassen, so setzte der Rat ebenfalls jede Rücksicht ausser Augen und machte von seinem Vorbehalte Gebrauch, in Religionssachen freie Hand behalten zu wollen: auf Grund des Verlangens ihrer Mitpatrone, wie des kürzlich erfolgten Übertritts der braunschweig-kalenbergischen Linie untersagte er den Geistlichen beider Stifter die fernere Feier des katholischen Gottesdienstes und liess auf ihre Weigerung am 9. Oktober die Kirchen schliessen. Fortan stellte er zur Bedingung, dass entweder in acht Tagen die eigentlichen Verhandlungen beginnen sollten, obwohl er die alten Ceremonien nicht wieder einräumen würde, oder er wollte sich der erlaubten Gegenwehr nicht länger begeben haben. Das kam einem Abbruche der Verhandlungen gleich, da der Herzog die Bitte des Ausschusses, ihn unter vorläufiger Abstandnahme von der religiösen Frage weiter gewähren zu lassen, rundweg abschlug [1]).

Der Fürst hatte nicht versäumt, sich sofort am kaiserlichen Hofe über den neuen Eingriff der Stadt zu beschweren [2]). Aber hier wehte jetzt ein anderer Wind. Zwar befahlen die Mandate vom 28. Oktober 1540 dem Rate die Wiederherstellung des bisherigen Gottesdienstes in den Stiftskirchen, schrieben aber gleichmässig dem Herzoge wie der Stadt die

---

[1]) Braunschweig an Phil. 18. Okt. 40. Kopie W. H. 140.
[2]) Hz. Heinr. an Karl V. Wolfenbüttel 10. Okt. 40 Kopie W. H. 126,

Losgebung der Gefangenen vor und legten ihnen bei schwerer Ungnade und Strafe unweigerliche Unterlassung jeder gewaltthätigen Handlung auf; ihre weiteren Beschwerden sollten beide Parteien auf dem bevorstehenden Reichstage anbringen [1]). Erst im folgenden März wurden jedoch diese Gebote zu Braunschweig bekannt.

Ein Versuch des Herzogs, die Bürgerschaft dem Rate zu entfremden, misslang völlig; vielmehr machte sich die Gemeinde sofort nach Empfang seiner Schriften anheischig, im Bewusstsein ihres Rechtes mit Gut und Blut bei ihren Oberen auszuharren [2]).

Mit erneutem Eifer wurde nun die Truppenwerbung von der Stadt betrieben. Da jedoch ihre Bemühungen nicht zum Ziele führten, so erboten sich die beiden fürstlichen Vertreter, bei ihren Herren um die Erlaubnis anzuhalten, je selbst 100 Reisige aufbringen zu dürfen, während der im Dienste des Rates stehende Rittmeister Brun Bock weitere 200 annehmen sollte. Der Kurfürst war mit diesem Vorhaben einverstanden und gestattete seinem Landadel sogleich Annahme der Bestellung auf drei Monate [3]); darauf sagte Minkwitz zu, sicher Ende November mit seiner Anzahl zu Braunschweig einzutreffen [4]), während Schachten vom Landgrafen angewiesen wurde, sich in allem wie sein Genosse zu halten.

Einen andern Weg schlug unterdessen Ernst von Lüneburg vor. Man müsse, meinte er, die Reisigen weder im Namen des Bundes bezahlen, noch ihnen seitens der Oberhauptleute Befehlshaber zuordnen: so bekäme das Unternehmen das Aussehen einer lokalen Fehde, und würde der Herzog keinen Grund haben, die Hülfe seiner katholischen Bundes-

---

[1]) Kais. Mandate Brüssel 28. Okt. 40, an Hz. Heinr. bei Hortl. IV c. 48, 127, an Braunschweig Kopie W. H. 142.
[2]) Franz v. Lüneburg an Joh. Fr. Gifhorn 4. Nov. 40, eigenhänd. Or. W. H. 129.
[3]) Offener Brief. Torgau, 5. Nov. Konc. W. H. 126.
[4]) N. v. Minkwitz an Dietrich Preuss. O. O. 4. Nov. Kopie W. H. 129.

genossen in Anspruch zu nehmen; sollten diese sich dennoch einmischen, so dürfe wenigstens den Evangelischen nicht die Urheberschaft des Krieges zugemessen werden. Ferner könne ein offenkundiges Eingreifen der Protestanten die niedersächsischen Kommunen, insbesondere das katholische Hildesheim, leicht veranlassen, ihre Hand von der Stadt abzuziehen, die doch mit Braunschweig allein stark genug wären, um dem Herzoge in kurzer Zeit »das Nackhaar zu ziehen«. Wolle man aber nichtsdestoweniger im Namen des Bundes für die Stadt eintreten, so sei es besser, den Gegner gleich mit starker Macht anzupacken [1]).

Auch drängten jetzt die oberländischen Städte, man möge durch die Entsendung der Reisigen keine Ursache geben, die friedfertigen Absichten des Kaisers zu stören.

Der Landgraf erklärte sich für seine Person zu der vorgeschlagenen Änderung bereit und stellte die Entscheidung dem Kurfürsten anheim; der aber hielt dafür, obwohl er den angeführten Gründen ihre Berechtigung nicht absprach, den einmal so weit gediehenen Vorbereitungen nun auch ihren Lauf zu lassen [2]).

Ein geneigteres Ohr fand Herzog Ernst bei Braunschweig. Es kam hinzu, dass die Annahme der Reisigen auf Schwierigkeiten stiess, weil die mit Schachten und Bock in Unterhandlung stehenden sich nicht mit einem monatlichen Solde von 12 Gulden begnügen wollten, auch sonstige Bedingungen stellten, welche über die Vollmacht der Rittmeister hinausgingen; auf ungleiche Bestellung aber sich einzulassen, trug der Rat Bedenken, jedenfalls aus Besorgnis, dadurch Anlass zur Unzufriedenheit und Meuterei zu geben. Somit liess er, überdies durch Schachten von der Gesinnung des Landgrafen in Kenntnis gesetzt, Minkwitz Gegenordre zukommen, obwohl dieser

---

[1]) Ernst v. Lüneburg an Joh. Fr. Celle 26. Okt. 40. Or. W. H. 129. Ebenso an Phil. Kopie H. 141.
[2]) Phil. an Joh. Fr. O. O. 3. Nov. Or., und Antwort des Kurfürsten Weidenhain 13. Nov. 40. Konc. W. H. 141.

bereits mit seinen Rüstungen fast fertig geworden war, und bat den Lüneburger Herzog, welcher eben damals mit dem Kurfürsten zu Zerbst eine Zusammenkunft hatte, die Frage zur Erörterung zu bringen, ob man nicht mit einem Hauptschlage der Unruhe in Deutschland abhelfen könne[1]).
Wenngleich befremdet durch die eigenmächtige Entscheidung der Stadt, musste sich doch der Kurfürst in die vollendete Thatsache fügen. Da nun die beiden Oberhauptleute sich ohnehin bereits geeinigt hatten, wegen des bevorstehenden Reichstags, der Braunschweigischen Wirren und ihrer mit dem Thomastage dieses Jahres ablaufenden Hauptmannschaft einen Bundestag auf den 19. Dezember nach Naumburg einzuberufen, so verschoben sie weitere Schritte auf die Beratung mit den übrigen Ständen, und der Landgraf widerrief das Ausschreiben, durch welches er bereits König Ferdinand und Kurmainz von der beabsichtigten Hülfe mit besonderer Betonung ihres rein defensiven Zweckes in Kenntnis gesetzt hatte[2]).

Die Dringlichkeit der Braunschweigischen Frage wurde indes noch überboten durch die Gefahr, welche sich plötzlich in eben diesen Tagen für die Selbständigkeit Goslars erhob. Am 5. Oktober 1540 nämlich wurde des Herzogs Prozess wider die Stadt mit ihrer Ächtung wegen Landfriedensbruchs beendet, so unerwartet, dass selbst den Goslarischen Anwalt am Kammergerichte dies Erkenntnis völlig überraschte.

In dem bisherigen Hader war die Stadt zusehends verarmt, und ihr überall die Lebensadern unterbunden worden. Seit zehn Jahren lag bereits der Gewinn aus dem Metallhandel, welcher früher dem Rate vermöge seines Vorkaufs-

---

[1]) Braunschweig an Ernst v. Lüneburg, 16. Nov. 40. ob man nicht einmal to den wegen kommen mochte, dat de unrwe in deutscher nation in der ile und mit ganzer macht upgehauen worden, wente wy id ganzlick davor halden, dat nit ratsam sein will, dusse dinge in de lengde to richten. . . . Kopie W. H. 141.
[2]) Phil. an König Ferdinand, Zapfenburg 26. Nov. 40. Kopie W. H. 141.

rechtes zugefallen war, unter Sequestration; dazu richtete der Herzog auf städtischem Grund und Boden eigne Schmelzwerke ein und verwehrte in den strittigen Forsten den Bürgern, ihren täglichen Holzbedarf zu schlagen, während er dort selbst die Stämme in Flössen davonführen liess. Die Einfuhr von Holz und Kohlen beseitigte er durch hohe Zölle und hemmte solche Zufuhr aus seinem Gebiete; was aber die Hüttenherrn notgedrungen in Folge besonderer Übereinkunft von ihm bezogen, wurde zu so hohen Preisen und in so geringen Mengen geliefert, dass sie eher zu ihrem Schaden als mit Gewinn arbeiteten [1]). Begreiflich, dass unter diesen Umständen Bergbau und Hüttenbetrieb, fast die einzigen Erwerbszweige der Stadt, in Verfall gerieten, zumal da bei den stetigen Gefahren das Bergvolk und Gesinde sich verlief, und schwer neues aufzutreiben war. Schon Ende 1539 rechnete man, dass gegen hundert beschäftigungslose Bürger und Arbeiter verzogen waren, um anderswo ihren Unterhalt zu suchen.

Es musste den Herzog insbesondere erbittern, dass die Stadt nach dem Tode Georgs von Sachsen den neuernannten Verwalter der Sequestration, Erzbischof Albrecht von Magdeburg, als parteiisch verwarf, und vor Jahresfrist ein Kammergerichtsmandat wider ihn und seinen Anhang ausgebracht hatte, sich eidlich von dem Verdachte der landfriedensbrüchigen Gefangennahme Doktor Dellingshausens zu reinigen [2]). Nur seiner Gunst bei diesem Gerichte hatte er zu ververdanken, dass es auf seine dagegen eingereichten Exceptionalartikel in der Untersuchung stillstand und dem Ansuchen des Rates beim Fiskal, seiner Pflicht gemäss weiter zu ver-

---

[1]) Statt 10 Mass harter Kohlen lieferte der Herzog kaum 7, statt 15 Mass Tannenkohlen nur 11 bis 12 auf ein Fuder. Aus der zu Arnstadt übergebenen Beschwerdeschrift Goslars. O. D. W. H. 108. Daneben die »Supplikation dero von Goslar den christlichen religionsstenden, so zu Schmalkalden versamlet . . . übergeben.« Or. o. D. W. H. 121, und zahlreiche Schreiben an den Landgrafen, bes. v. 19. Sept. und 2. Nov. 39. Orr. M. St. G. 38—40.

[2]) »Citation und Vorbescheidt ad purgandum« . . . v. 23. Juli 1539. Hortl. IV c. 4.

fahren, kein Gehör schenkte. Die Stadt erwartete auch kaum noch etwas anderes: längst hielt sie sich überzeugt, dass sie kein Recht wider ihren Gegner erlangen werde[1]).

In gleicher Parteilichkeit wurde nun auch auf Betreiben Helds[2]) die Acht erkannt. Geflissentlich war im letzten Jahrzehnte die Klage Goslars dadurch hingehalten, dass man dem Herzoge lange Fristen — bis in zwanzig Monate — zur Eingabe seiner Verteidigungsschriften gewährt hatte; dagegen war in der Untersuchung gegen die Stadt nicht einmal ihre Forderung zugestanden worden, durch unparteiische Leute die Lage der zerstörten Gebäude besichtigen und aufnehmen zu lassen, also überhaupt nicht die Frage in ernste Erwägung gezogen, zu wessen Gebiete die geschädigten Plätze gehörten, und ob die That in rechtlich entschuldbarer Notwehr begangen sei. Gleichzeitig mit dem Urteil erging der Exekutorialbrief, welcher »Leib, Hab und Güter« der Stadt dem Herzoge als Kläger »und sonst allermänniglich erlaubte«[3]).

Noch vor wenigen Tagen hatte der Fürst Held gegenüber seiner Ungeduld Ausdruck gegeben und endlich Thaten zu sehen verlangt[4]); jetzt schien er zugleich aller beschwerlichen Folgen des Purgationsmandates überhoben und mit Einem

---

[1]) Goslar an Phil. 6. Febr. 39. Or. Und ob wir gleich ein penalmandat widder seine f. g. ausprengen, so hatt es doch bei ime kein ansehen, achtet solchs auch nirgent fur; weiss woll, das es allein zum spiegel oder zum scheine ist erkant worden, dan seine f. g. ist lieber sone daselbst, kan nicht ubel thun. M. St. G. 38—40.

[2]) Held an Herzog Heinrich. O. O. u. D. In sachen F. f. g. wider Goslar hab ich etlich vielmal an dem kayserl. cammergericht angehalten; bin vertröst, es sol fürderlich urteil darin ergehen, gott gebe zu E. f. g. nutz, wie ich verhoffe. Hortl. IV c. 46, 20.

[3]) Hortl. IV c. 14., 83.

[4]) Herzog Heinrich an Held. Harzburg 20. Okt. 40. Wir wollen aber der zweyer monat [bis zur Ankunft des Kaisers] gleichwie die juden des messie erwarten; wil alsdann die sach nit besser werden, so müssen wir ungläubig Thomas werden und nit mehr glauben, wir sehen und greiffen dan. Konc. M. A. H. II. 40—41. Vergl. Hortl. IV c. 46. 43. Ähnlich ders. Wolfenb. 27. Aug. 40. IV c. 46, 41.

Schlage am Ziele zu sein. Entschlossen, von seinem Rechte ausgiebigen Gebrauch zu machen, erwartete er seitens der geschwächten Stadt keine ernstliche Gegenwehr und getraute sich, sie allein durch Versperrung der Zufuhr in Monatsfrist zu unterwerfen. Dennoch zog er vor, die Exekution bis zum baldigen Erscheinen des Kaisers aufzuschieben, um sie womöglich unter seinem reichsoberherrlichen Schutze desto sicherer zu vollziehen, bis dahin aber jedem Versuche, Goslars Widerstandsfähigkeit zu erhöhen, entgegenzutreten[1]). Dieser Absicht entsprachen alsbald seine Massregeln.

Die Lage der Stadt rechtfertigte die ernstesten Besorgnisse. Wenigstens der Landgraf erachtete diesen Fall einem direkten Angriffe auf die protestantische Sache gleich. Er zweifelte nicht, dass der Herzog in Ausübung seines Rechtes »dareinhauen« würde, ebensowenig aber, dass die entblösste Stadt, nur auf sich angewiesen, seinem Geschütze auf die Dauer standhalten könne, zumal wenn die nahende Winterkälte die Wassergräben würde gefrieren lassen, oder das Feuerwerk

---

[1]) Hz. Heinr. an Held. Wolfenbüttel 5. Nov. 40. Wiewol wir nu vor uns selbst mit götlicher hillf woll vertrauten, solche execution zu thun und die stat Goslar in vier wochen zu erobern, wan wir inen allein die zufur verlegten, dan sie haben weder leut noch zu fressen darinnen, so wollen wir es doch noch zur zeit ansteen lassen in betrachtung, das die leuffte dieser zeit gantz geschwinde, und das colloquium auch der reichstage verhanden sein, damit man nicht sagen könne, wir hatten sonderlichen lust zu kriegen, sondern wollen erstlich key. mat. und euern rathe darinnen haben; im fall aber das wir vernemen, als zu vermuten, das der landgrafe, der onedas ainen bundschuh zu machen willens, oder sunst yemands anders sie speisen oder mit volck stercken wurde, so wollen wir das soviel möglich understeen zu wehren und nichtsdestominder die key. mat. laut des landfridens uns umb unser vilfeltigen geleisten dienste willen zur execution zu verhelffen bitten, und uns daneben also verhalten, das wir unser gewonnen recht noch unser gelegenheit nicht gar furuber passiren lassen, verhoffen uns auch, key. mat. werde uns sollche execution nit abschlagen. . . . Und meinen, diese acht werde ein rechtschaffen remedium sein auf der gegentailn ausgesprengte unwarhaftige purgationarticul, dardurch sie reichtlich wol sollen bezalt werden, des wir euch billich grossen dank wissen sollen und es auch in gnaden nimmermehr vergessen wollen. Konc. M. A. H. H. 40—41. Vergl. Hortl. IV c. 46, 20—35 und Ranke, Band IV S. 201. Anm. 1.

des Belagerers die vielfach aus leichtem Tannenholze gebauten Häuser in Brand setzen würde. Auf wirksame fremde Hülfe aber hatte sie wenig Aussicht. Denn besassen die umliegenden Bundesstädte überhaupt die Macht, sich der Exekution zu widersetzen, selbst wenn sie nicht, wie anzunehmen, durch das Urteil eingeschüchtert waren? Und ferner, ihre Glaubensverwandten hatten diesen Handel bisher nicht als Bundessache anerkennen wollen: wie hätte man erwarten sollen, dass sie sich jetzt zur gemeinsamen Rettung der Stadt entschliessen würden, da die Acht ein gleiches Verderben über alle die brachte, welche sich der Verurteilten annahmen? Ja der Landgraf wagte kaum zu hoffen, dass sie sich zu einer gemeinsamen Fürbitte verstehen würden [1]. Jedenfalls musste die bevorstehende Naumburger Zusammenkunft über die Gesinnung der Stände Klarheit bringen, da die Bundeshauptleute sie noch nachträglich angewiesen hatten, ihre Gesandten mit Instruktion bezüglich Goslars zu versehen; einstweilen vertrösteten beide die Stadt, sie nicht verlassen zu wollen, wie auch immer die dortige Entscheidung ausfallen sollte [2].

Unterdessen hatte Goslar bei den zu Worms mitversammelten evangelischen Räten um Bundeshülfe nachgesucht. Des angesetzten Tages noch unkundig, erklärten sich diese ihrer geringen Anzahl und mangelnden Befehls halber zu solcher Zusage ausser stande, versprachen aber, gerührt durch die unverschuldete Not der Stadt, diese Bitte nach besten Kräften bei ihren Herren befürworten zu wollen [3]. Schon war auch

---

[1] Phil. an Joh. Fr. Lichtenau 12. Nov. 40. Darumb finden wir wenig trost dann allein zu gott und das sich die gemeinen evangelischen stend der sachen unterzehen, vor sie supplicirten, recht boten, irnhalb furbitt theten. Wie sie aber zu demselben zu persuadiren seien, das konnen wir bei uns noch zur zeit nicht finden, wie wir die stend gesinnt wissen: das alles stehet nu auf fernern bedenken und kunfftiger handlung. Or. W. H. 141.

[2] Joh. Fr. und Phil. an Goslar o. O. 30. Nov. Konc. M. St. G. 40, und Phil. an Joh. Fr. Zapfenburg 28. Nov. 40. Or. W. H. 141.

[3] Die evangelischen Gesandten zu Worms an Phil. 18. Nov. 40, Or. mit beilieg. Kopie ihrer Antwort an Goslar, pr. Zapfenburg 23. Nov. M. St. G. 40.

vom hessischen Kanzler und dem städtischen Anwalt eine Bittschrift an den Kaiser um Suspension der Acht entworfen; sie wurde zu Worms von den Evangelischen für gut befunden und im Namen der Stadt Granvella, dem gewandten Interpreten seiner damaligen deutschen Politik, überreicht. Gewichtige Gründe allerdings liessen sich gegen die Rechtsbeständigkeit der Acht einwenden; für ein Erkenntnis auf Landfriedensbruch, führte man aus, sei erforderlich, dass die vorgeworfene strafwürdige Handlung mit vereinbartem Rate und in böser Absicht begangen sei: wie könne demnach für die eigenmächtige That einzelner die ganze Kommune büssen, die Unschuldigen mit den Schuldigen; wie von landfriedbrüchiger Absicht die Rede sein, da die bedrohlich gelegenen Kirchen und Klöster nur in äusserster, rechtlich erlaubter Notwehr abgebrochen seien, und der Einfall in die entrissenen Schmelzhütten nur stattgefunden habe, um offenkundige Gewalt mit Gewalt zurückzuweisen! Und schliesslich dürfe den Rechten nach überhaupt kein Urteil ergehen, ohne dass die Klage der Stadt neben und mit des Herzogs Forderung entschieden sei[1]). Aber durfte man wirklich erwarten, dass rechtliche Bedenken und Bitten ohne das Angebot einer Gegenleistung die kaiserliche Politik bestimmen würden, sich zu der begehrten, bisher beispiellosen Gefügigkeit den Protestanten gegenüber zu verstehen? Wohl erwiderte Granvella, er habe bereits das Kammergericht gemahnt, gemach zu thun und wolle das nochmals, äusserte sich auch dem hessischen Kanzler gegenüber, er möge nicht allen Mut sinken lassen, denn wenn nur das Religionsgespräch einen guten Anfang nehme, so würde er wohl Goslars halber zu etwas zu bewegen sein; doch in denselben Tagen liess er sich gegen den Vertreter Strassburgs, Jakob Sturm, tadelnd vernehmen, man wolle

---

[1] »Supplicatio an Kaiser von canzler Feigen und doktor Reifstocken zu Wormbs gestelt in dero von Goslar sachen.« O. D. lateinisch mit deutscher Übersetzung. M. St. G. 40—41; vergl. Hortl. IV c. 46, 11.

evangelischerseits weder den Kaiser noch das Kammergericht als Richter anerkennen [1]).

Das war die Lage, als um die Jahreswende der evangelische Bund in Naumburg zur entscheidenden Beratung zusammentrat. Nach den Beschlüssen zu Schmalkalden wurde die Verpflichtung, der Stadt Braunschweig beizustehen, keinem Zweifel unterzogen. Indes fand man ihre Bitte um 800 Reiter und 3 Fähnlein Knechte zu hoch gegriffen und sprach ihr zunächst einmütig eine sofortige Unterstützung von 300 Pferden und einem Fähnlein zu — nur Strassburg hatte um Aufschub derselben bis nach Schluss des Reichstags angehalten. Dagegen sollte auch die Stadt verpflichtet sein, keinen andern Vergleich anzunehmen, als ihr gemäss der Bundesverfassung zukäme, und etwaige Friedensverhandlungen mit Vorwissen der beiden Oberhauptleute führen [2]).

Desto schwieriger wurde eine Einigung bezüglich Goslars, zumal da die Geächteten nicht gewagt hatten, die authentischen Prozessakten zur Informierung der Bundesgesandten aus den Händen zu geben. Hauptsächlich zwei Meinungen standen einander gegenüber. Die nächstgesessenen Stände, Kursachsen, Lüneburg, Hessen, Anhalt, Mansfeld, Magdeburg und Braunschweig, traten für Bundeshülfe ein, indem sie sich darauf beriefen, dass die Stadt vor Annahme des Evangeliums günstige Urteile am Kammergericht davongetragen hatte und also nur aus Gehässigkeit um ihres Glaubens willen in die Acht gesprochen sei; dagegen betonten die oberländischen Städte, getreu der Grundrichtung Strassburgs, die Erhaltung des religiösen Friedens nicht durch Einmischung politischer Fragen zu gefährden [3]), dass der ganze Streit aus weltlichen Ur-

---

[1]) Johann Feige an Phil. o. O. [Worms] u. D. Kopie W. H. 134 und Worms 20. Dez. pr. Ziegenhain 24. Dez. 40. Or. M. St. G. 40.
[2]) Berichte der sächs. Gesandten an den Kurf. Naumburg 30. und 31. Dez. 40. Orr. W. H. 134.
[3]) Vergl. Baumgarten, Jacob Sturm. Rektoratsrede. Strassb. 1876.

sachen herrühre, und wollten deshalb nur darüber ratschlagen, wie den Gefährdeten anders als von bundeswegen Hülfe mitzuteilen sei. Eine abwartende Stellung nahmen die herzoglich-sächsische und hamburgische Gesandtschaft ein, welche der Erwartung Ausdruck gaben, dass ihre Herren sich der Entscheidung der übrigen Stände anschliessen würden. Württemberg ferner und Bremen waren noch nicht vertreten, während die Herzöge von Pommern sich diesem Tage fern hielten; sie standen ohnehin bisher dem Geschicke der Stadt teilnahmlos gegenüber: soeben erst hatte ihre Botschaft zu Worms sich geweigert, die von den dortigen evangelischen Gesandten übergebene Supplikation zu unterzeichnen, sofern sie nicht von ihren mit dem Herzoge durch Erbeinung verbundenen Herren besonders dazu ermächtigt würde.

Wohl wurde jetzt für gut befunden, gemeinsam beim Kaiser anzuhalten, dass die Acht aufgehoben oder suspendiert, und mit der Revision des Verfahrens eine kaiserliche Kommission betraut werden möchte, im übrigen schien jedoch bei der grundverschiedenen Auffassung beider Parteien eine Verständigung auf dem gewöhnlichen Wege der gegenseitigen Annäherung ausgeschlossen.

Indem man sich nun zunächst einigte, zu versuchen, ob nicht eine Beratung über die von den oberländischen Städten vorgeschlagene Sonderhülfe zu befriedigendem Ergebnisse führen würde, behielten sich die in der entschlossenen niederdeutschen Gruppe dominierenden kursächsischen Gesandten ausdrücklich einen Mehrheitsbeschluss vor, falls auf dem angegebenen Wege keine Einigung erfolgen sollte.

Allerdings ein Mittel etwas bedenklicher Natur, welches die Verfassung zwar für den Notfall an die Hand gab, das aber immerhin mit der lockeren Bundesorganisation wenig im Einklang stand und, weil es leicht zu einer Absonderung der überstimmten Teile hätte führen können, noch nie in Anwendung gekommen war. In diesem Falle hätten von den zehn bisher vertretenen Stimmen mindestens sechs geschlossen auf Bundeshülfe erkannt.

Begreiflich, dass unter solchen Umständen die Oberländer einlenkten, soweit nur das Mass ihrer Instruktion zuliess. Indem sie einwandten, dass ihren Oberen vielleicht nicht die ganze Sachlage bekannt gewesen wäre, baten sie, die Abstimmung solange hinauszuschieben, bis sie ihnen über die Gründe der Mehrheit Bericht erstattet und die Frage noch einmal ihrer endgültigen Entscheidung unterbreitet hätten. Auch die nunmehr eingetroffene württembergische Gesandtschaft sprach sich in diesem Sinne aus. Darauf erklärten auch die übrigen, sich für diesmal mit solchem Erbieten begnügen zu wollen[1]).

Bei der nun folgenden Beratung über die Partikularhülfe schlugen die Oberländer vor, diese der Stadt heimlich in Geld zukommen zu lassen, doch wollten sie aus Furcht, sich der Acht teilhaftig zu machen, dasselbe weder an einem benannten Orte erlegen und also durch dritte oder vierte Hand Goslar bewaffneten Zuzug leisten, noch sich überhaupt in etwas Verbindliches oder Ausdrückliches einlassen. Aber die gewichtigsten Gründe machten sich gegen diesen Vorschlag geltend. Denn was sollten die Geächteten mit dem Gelde allein viel ausrichten, da ihre Werber nirgends sicher waren, auch kaum Leute finden würden, und ihnen schliesslich noch das aufgebrachte Kriegsvolk wieder abgefordert werden konnte? Ganz abgesehen davon, dass bei einem erfolgreichen Ueberfall das vorgefundene Geld dem Gegner zu gute kommen würde. Ferner machte Hermann v. d. Malsburg, der eine hessische Gesandte, als Ortskundiger darauf aufmerksam, dass, wenn auch die Stadt voll Truppen wäre, doch ihr der Herzog mit leichter Mühe die Strassen dermassen versperren könnte, dass sie schliesslich aus Mangel an Proviant das Volk wieder entlassen müsste. So blieb nur Ein Auskunftsmittel: man verständigte sich, die bewilligte braunschweigische Hülfe mit zum Schutze der Stadt Goslar zu verwenden, ohne diese namhaft zu machen, und verstärkte zu diesem Zwecke jene um 100 Pferde und ein Fähnlein[2]).

---

[1]) Sächs. Bericht vom 4. Januar 41 Or. W. H. 134.
[2]) Sächs. Berichte vom 7. und 9. Januar 41 Or. ebenda.

Demgemäss wurde im Abschiede bestimmt, dass die Oberhauptleute Braunschweig auf Bundeskosten 400 Reisige und 2 Fähnlein Knechte zuschicken und diese Streitmacht auch gebrauchen sollten, wenn sonst ein Bundesstand der Hülfe bedürfen würde. Für den Fall aber, dass solche Anzahl nicht ausreichen sollte, um der Stadt zu dem ihrigen zu verhelfen oder umfassenderen Rüstungen des Herzogs zu begegnen, wurden sie ermächtigt, die Kriegsräte zu berufen und mit ihnen weitere Schritte zu vereinbaren. Zum Obersten der Truppen wurde Bernhard von Mila ernannt, und Sachsen und Hessen anheimgegeben, ihm je zwei Rittmeister und einen Hauptmann zur Verfügung zu stellen; in sechs Wochen sollte er die Operationen beginnen. Innerhalb dieser Frist versprachen auch die dissentierenden Stände, den endgültigen Bescheid ihrer Herren bezüglich Goslars dem Oberhauptmann ihres Kreises kund zu thun; lautete er abschlägig, so sollte die Entscheidung alsbald durch Mehrheitsbeschluss getroffen werden [1]).

So standen die Sachen auf des Messers Schneide: das Ergebnis des Tages war geeignet, zum ersten Male auf dem Boden des Reiches die religiösen Parteien zu blutiger Entscheidung an einander geraten zu lassen. Denn Braunschweig zögerte nicht, sich der gebotenen Waffe zu bedienen, der Kurfürst war fest entschlossen Ernst zu machen, und von der Hartnäckigkeit des Herzogs war ein Nachgeben nicht wohl zu erwarten. Und das gerade in dem Augenblicke, wo der Kaiser seiner europäischen Interessen wegen sich zur unverweilten Beilegung des konfessionellen Gegensatzes anschickte.

Da gab jedoch die eigentümliche Stellung, welche der Landgraf den Naumburger Beschlüssen gegenüber einnahm, der weiteren Entwickelung des Konfliktes eine unvorhergesehene Richtung.

---

[1]) Abschied zu Naumburg vom 16. Januar 41. W. II. 134. Mit diesem Datum stimmt, dass Rehtmeyer (vergl. S. 32, Anm.) auf Grund der zu Braunschweig befindlichen Ausfertigung die Zusammenkunft in die Zeit vom 19. Dez. 40 (dem im Ausschreiben angesetzten Tage, während die erste Sitzung

III. Stellungnahme des Kaisers.

Seitdem das Scheitern der habsburgisch - französischen Allianzpläne den Gegensatz dieser beiden vornehmsten Mächte der Christenheit wieder in immer vollerer Schärfe hervortreten liess, indes von Osten her die Türkengefahr im stetigen Wachstum begriffen war, befand sich der Kaiser in einer Lage, die es ihm ausserordentlich erschwerte, seinen Anspruch auf die geldrische Erbschaft gegenüber dem jungen Herzoge von Jülich zur Geltung zu bringen, mit wie leidenschaftlichem Eifer er auch dies Ziel ins Auge gefasst hatte [1]).

Denn der Ausdehnung seiner Hausmacht über dies Herzogtum widerstrebten von voneherein die deutschen Stände, Baiern nicht minder wie das Jülich verschwägerte Sachsen, in seltener Einmütigkeit. Dazu hatte der neue Umschwung zur Folge, dass sein Rivale das Heil der Zukunft im engen Bunde mit Franz I. suchen konnte, und sich fortan beide Fürsten eifrig um die Freundschaft der Protestanten bemühten [2]).

---

am 27. Dez. stattfand) bis 16. Jan. 41 verlegt; das gleiche Datum trägt der Abschied des Frankfurter Archivs, s. Janssen, Gesch. d. d. Volkes. 2 A. III 486. A. 1. Dagegen ist der zu Marburg, Schm. B. 41., befindliche bereits am 12. Jan. (Mitw. nach Erhardi) ausgestellt, zweifellos, weil dem Landgrafen an einer besonders frühzeitigen Kenntnisnahme gelegen sein musste.

[1]) Hans von Dolzig, (kursächs. Gesandter) an Joh. Fr. Regensburg 2. Juni 41. Dan die kais. mt. wer auf das Gellern so verhetzt und erhitzt, das gar kein fugsame oder glimpfliche rede mit kais. mt. in den sachen Gellern belangend zu thun were. (Aus dem Munde des Landgrafen.) Or. W. R R T IV 275.

[2]) Maroletus Museus an Joh. Fr. Strassburg 4. Febr. 41. E. churf. gn. gebe ich untertheniger meinung zu vernemen, dass . . . die kon. mt., m. gn. h., dohin bewegt ist, dass sie mit E. churf. gn. und derselben mitverwanten eine bestendige und ewige freundschaft ufzurichten, auch fest zu halten ganz geneigt und entschlossen ist. Kopie W. H. 134; vergl. den Brief Bucers vom gleichen Datum, in welchem er diese Anträge beim Landgrafen befürwortet, bei Lenz II S. 3.

Diese drohende Vereinigung der europäischen und deutschen Opposition zu vermitteln war jedoch niemand seiner Natur und Stellung nach geeigneter als der Landgraf. Welch Gewinn also für den Kaiser, dass eben dieser Fürst sich freiwillig erbot, auf jede selbständige Rolle in der geldrischen Angelegenheit zu verzichten!

Schon bald, nachdem er durch die Wiedereinsetzung Herzog Ulrichs im wesentlichen einer Ehrenpflicht — wie er es ansah — genüge gethan hatte, war der Landgraf bestrebt gewesen, in das Verhältnis reichsständischer Ergebenheit zum Kaiser zurückzukehren. Ein dringliches persönliches Motiv trat hinzu, seitdem er im März des letzten Jahres durch den unseligen Ausweg der Doppelehe für seine Gewissensnot Beschwichtigung gesucht und gefunden hatte. Denn da die nächstbefreundeten Fürsten ihm in dieser Privatsache ihren Beistand versagten, konnte allein des Kaisers Amnestie ihm dauernden Schutz vor dessen oberstrichterlichem Eingreifen gewähren.

Auf dem Wormser Gesprächstage liess er Granvella die entscheidenden Anträge machen[1]).

Gegen die Versicherung der vollen kaiserlichen Huld unter dem Verzichte auf jedes gerichtliche Verfahren versprach er fortan jedem Bündnisse mit fremden Machthabern fernzubleiben, Neutralität in der geldrischen Frage zu bewahren und sich als treu ergebener Reichsfürst zu halten, nur dass er seine Verträge im Reiche und seine jetzigen und künftigen Verpflichtungen der Religion halber ausnahm. Trotz dieser glänzenden Erbietungen zog der gewiegte Burgunder des religiösen Vorbehalts wegen die Verhandlungen in die Länge und machte seine Zustimmung von dem Gelingen des bevorstehenden konfessionellen Ausgleichsversuches abhängig. Erst als Philipp durch seinen Kanzler den Besuch des Reichstages verweigern liess, falls jene Zusage ihm nicht zu teil würde, begnügte sich der Kaiser mit seinem Versprechen, nach Kräften für die Aufrichtung der Glaubenseinheit zu wirken, soweit er dies mit seinem Gewissen vereinen

---

[1]) Vergl. Lenz I, Beilage IV: »Die Verhandlungen zu Worms.«

könne, und gewährte ihm am 24. Januar 1541 die vorläufige Versicherung seiner Gnade [1]).

Die Dauer seiner Anwesenheit zu Regensburg wurde dem eigenen Belieben des Fürsten anheimgestellt; dort sollten auch nach dem Religionsvergleiche die weiteren Verabredungen getroffen werden, und der Abschluss des Vertrages stattfinden. Von unmittelbarer Rückwirkung war dies Ergebnis auf die braunschweigisch-goslarische Frage.

Der dringlichen Ladung des Kaisers hatten Sachsen und Hessen noch vor dem Naumburger Tage die Bedrängnisse der Bundesstände durch das Kammergericht und Herzog Heinrich entgegengehalten und ihr persönliches Erscheinen an die Verkündigung eines Friedens im Reiche, Abstellung der rechtlichen Benachteiligung und die Suspension der ergangenen Achten geknüpft — denn sie könnten nicht, so begründeten sie, »des Backenstreichs gewärtig sein« und sich gleichwol von ihren Unterthanen und den Gefährdeten hinweg begeben [2]). Granvella eröffnete darauf zu Worms beiden Kanzlern, er habe von seinem Herrn Befehl erhalten, einige Mitglieder des Kammergerichtes zu sich zu bescheiden und mit ihnen von der Aufhebung der Prozesse zu reden; würden diese auf ihn nicht hören, so wolle der Kaiser bei seiner baldigen Ankunft in Speier sich selbst dieser Aufgabe unterziehen. Auch betreffs der Goslarischen Acht sagte auf ihr Anhalten der Minister seine Verwendung zu [3]).

Indessen wurden dem Landgrafen die Naumburger Beschlüsse bekannt: sollte der Ausbruch der Feindseligkeiten vermieden werden, so war es unerlässlich, Braunschweig auf friedlichem Wege vor den Nachstellungen des Herzogs sicherzustellen, der sich soeben noch an einem für den Leipziger

---

[1]) Kaiserl. Gnadenerklärung und Geleitszusicherung. . . . Speier 24. Jan. 41, gedr. Lenz I 541.

[2]) Die erste sächsische Ausfertigung der gemeinsamen Antwort vom 23. Nov. 40, M. R T 41, beanstandete der Landgraf und übersandte das verbesserte Original seinen in Worms befindlichen Räten am 17. Dez. zur Weiterbeförderung.

[3]) Feige an Phil. Worms 15. Jan. 41, pr. [Marburg] 16. Jan. O^r M. R T 41.

Neujahrsmarkt bestimmten Warenzuge vergriffen hatte. Sofort setzte er deshalb Granvella von der beabsichtigten Bundeshülfe in Kenntnis und machte in seinen Separatverhandlungen für sein Erscheinen auf dem Reichstage zur Bedingung, dass der Kaiser durch eine eigene Botschaft dem Herzoge befehlen lasse, unverzüglich die Gefangenen ihrer Haft zu entledigen, die angehaltenen Güter loszugeben und Strassen, Wege und Stege zu öffnen; ebenso müsse er die Goslarische Acht aus eigner Machtvollkommenheit suspendieren, falls das Kammergericht nicht darauf eingehen wolle; denn würde jener zu ihrer Vollstreckung Kriegsvolk annehmen, so könne auch er nicht stillsitzen [1]).

Die energische Sprache verfehlte nicht ihre Wirkung; auch war es für den Kaiser, sobald er auf die Erbietungen des Landgrafen einging, nur ein Schritt weiter, wenn er durch derartige Zugeständnisse dem auch seine Absichten durchkreuzenden Ausbruch des Krieges vorzubeugen und das Misstrauen der Evangelischen zu beschwichtigen suchte: wenige Tage nach der Gnadenerklärung suspendierte er bis zum Schlusse des Reichstags die gegen Goslar und Minden ausgesprochenen Achten wie alle mit der Religion in Beziehung stehenden Prozesse [2]) und drohte dem Kammergericht mit »ungnädiger Strafe«)[3], falls es diesem Gebote zuwiderhandeln würde. Gleichzeitig wurden die hessischen Forderungen bezüglich Braunschweigs bewilligt.

Während diese Entscheidung am Rheine fiel, befand sich der Landgraf dem Kurfürsten und den beiden Städten gegenüber in einer äusserst peinlichen Lage. Zwischen zwei unvereinbare Aufgaben sah er sich gestellt: um seiner Beziehungen zum Kaiser willen musste er jede kriegerische Unruhe

---

[1]) Phil. an Feige, o. O. und D. Konc., und Marburg 17. Jan. 41. Kopie. M. R T 41.

[2]) Kais. Suspension. Speier, 28. Jan. 41, gedr. Hortl. IV c. 38. 8. 9.

[3]) Nach Granvellas Worten am 9. März an die hessischen Gesandten. Die sächsischen Räte berichten sogar (12. März) von der Drohung, »das ir mt. nicht allein die religionssach, sondern das ganze Gericht wolt suspendiren und darüber in gebührliche strafe nehmen.«

zu verhüten suchen, und doch dachte er keinen Augenblick daran, seiner Pflicht als Bundeshauptmann sich zu entziehen und die bedrängten Kommunen im Stiche zu lassen. Seinen Gesandten zu Naumburg hatte er deshalb noch in letzter Stunde Befehl erteilt, um Aufschub der Hülfe anzuhalten, doch nur, falls es ohne Nachteil geschehen könnte[1]; da aber die Stände ein unverweiltes Eingreifen für gut befunden hatten, gelang es den hessischen Räten wenigstens, einen Zusatzartikel in den Abschied zu bringen, der den Oberhauptleuten anheimgab, von diesem Beschlusse dem Kaiser Mitteilung zu machen: wir sahen, welchen Druck der Landgraf mit dieser Ermächtigung auf Granvella ausübte.

Fürs erste aber konnte er dem Drängen des Kurfürsten nichts als Vertröstungen entgegenhalten. Als ihn dieser auf Grund des Abschiedes aufforderte, seine Befehlshaber zu ernennen, auch sich bereit erklärte, wenn Philipp des Kaisers halber Bedenken tragen sollte, dem nachzukommen, als Oberster der sächsischen Provinz allein die Bestellung vorzunehmen[2], bat er, seiner zuversichtlichen Hoffnung auf den Erfolg seiner Vorstellungen bei Granvella nur noch kurze Zeit Rechnung zu tragen; für alle Fälle aber schlug er, um Zeit zu gewinnen, dem Kurfürsten eine persönliche Zusammenkunft oder wenigstens eine vorherige Vereinbarung der Befehlshaber unter einander vor, damit man nicht Gefahr laufe, mit Schimpf und Nachteil vom Unternehmen abstehen zu müssen[3].

Endlich, am 7. Februar[4], erschien zu Marburg ein am kaiserlichen Hofe zurückgelassener Kanzleischreiber mit dem Suspensionsmandate und dem Geleitsbriefe für beide Fürsten;

---

[1] Phil. an s. Gesandten zu Naumburg. Marburg 11. Jan. 41, pr. 15 Jan. Or. M. Schm. B. 41.
[2] Joh. Fr. an Phil. Grimma 19. Jan. pr. Marburg 28. Jan. Or. M. Schm. B. 41, und Lochau 26. Jan. pr. o. O. [Marburg] 5. Febr. Or. M. St. Br.
[3] Phil. an Joh. Fr. Marburg 29. Jan. und 1. Febr. Orr. W. H. 149.
[4] »heut montags« Phil. an Joh. Fr. Marburg 7. Febr. Or. W. H. 149. Die übrigen Briefe vom 7.—9. Febr. im Koncepte M. R T 41 und St. Br. Vergl. darnach den Briefwechsel Philipps mit Granvella bei Lenz II S. 12.

noch am selben Tage traf der Bescheid Granvellas ein, dass ein Herold mit ernster Friedensmahnung an den Herzog entsandt sei. Unverzüglich teilte nun der Landgraf Sachsen, beiden Städten und den oberländischen Ständen mit, dass durch dies Einsehen des Kaisers der Zweck des bewaffneten Einschreitens erreicht sei, doch, sofern die vorigen Beschwerden sich wieder geltend machten, die Zusage des Bundes in Kraft bleiben solle.

Die hoffnungsvollen Erwartungen Philipps hatten jedoch den Kurfürsten nicht bewegen können, von dem Bundesbeschlusse abzuweichen: er hielt jenes Mittel für weitläufig und nicht aussichtsvoller als die zahlreichen Gesuche des letzten Jahres an den Kaiser, eine vorherige Zusammenkunft, auch nur der Befehlshaber, für zeitraubend und überflüssig. Ja, unter Umständen, rechnete er, könnten gerade die hessischen Bemühungen die grösste Gefahr heraufbeschwören. Denn wenn den Beschwerden Braunschweigs auch wirklich vom Kaiser abgeholfen würde, dagegen Goslar in der Acht verbleibe, so sei dieser Stadt, falls während des Reichstags die Exekution unternommen würde, jeder Beistand abgeschnitten; und dann könnte der Herzog, nachdem ihm Goslar zum Opfer gefallen, sein Heil an der andern Kommune auch versuchen [1]). Als nun auch Braunschweig um die beschlossene Hülfe anhielt, gab er seine Zusage [2]), erteilte Bernhard von Mila die Instruktion, dort am 7. März mit seinen Truppen zu erscheinen [3]) und wandte sich zugleich mit dem Ersuchen an den Lüneburger Herzog, ihm zwei seiner Kriegsleute, die er mit Bestellungsbriefen abfertigte, zu überlassen und den Anlauf sowie die Musterung der Knechte in seinem Lande zu gestatten [4]).

---

[1]) Joh. Fr. an Phil. Torgau 7. Febr. pr. Wolkersdorf im Februario, und Torgau 10. Febr. pr. Marburg 17. Febr. 41. Orr. M. A-W. 41. 1.
[2]) Braunschweig an Joh. Fr. 29. Jan. Or., und dessen Antwort o. O. 7. Febr. Konc. W. H. 142.
[3]) Instruktion v. 9. Febr. Or. W. H. 143.
[4]) Joh. Fr. an Hz. Ernst Torgau 7. Febr. Konc. ebenda.

Selbst auf die Nachricht von den kaiserlichen Zugeständnissen hin war er nicht ohne weiteres von der Notwendigkeit des Aufschubs überzeugt, da er berechtigten Zweifel an dem Erfolge des Friedensgebotes hegte [1]). Aber Braunschweig, dem er die Entscheidung anheimstellte, willigte ein, sich noch einen Monat zu gedulden. Erfolgte bis dahin nicht die Abstellung der Beschwerden, so hielt es der Kurfürst für unverantwortlich, der Stadt länger den Beistand vorzuenthalten [2]), und fand darin die Zustimmung Philipps.

Ohnehin aber hatte es Herzog Ernst nicht zur Annahme der Truppen kommen lassen. Aus Besorgnis, dass beim Rühren der Werbetrommel weit über die begehrten 1000 Knechte in sein Land zusammenströmen und wie vor bald zwei Jahren seinen Unterthanen zur drückenden Last fallen könnten, wies er die Befehlshaber an, einstweilen innezuhalten, und verbat sich beim Kurfürsten jedes Werben in seinem Gebiete. Zugleich kam er auf seine frühere Ansicht zurück, die Bundeshülfe entweder überhaupt zu unterlassen, oder gleich mit allem Ernste vorzunehmen; geschehe letzteres, so erbot er sich mit Leib und Gut dabei zu sein [3]). Wohl beschwerte sich Sachsen nicht mit Unrecht über dies Bemeistern der Bundesbeschlüsse [4]), doch machte die inzwischen gefallene Entscheidung Braunschweigs diesen Federkrieg zunächst gegenstandslos.

Das also war die entscheidende Frage, ob sich Herzog Heinrich den kaiserlichen Verordnungen gemäss halten würde. Noch im Januar war er zum Reichstage aufgebrochen und hatte gleichzeitig drei Streitschriften wider den Kurfürsten, den

---

[1]) Joh. Fr. an Phil. Wittenberg 15. Febr. Konc. W. II. 149.
[2]) Ders. Torgau 22. Febr. Konc. ebenda.
[3]) Hz. Ernst an Joh. Fr. Celle 13. Febr., ebenso an Phil. Wan aber ein gemeine ernstliche und statliche defension furgenomen wurde, so wissen wir uns nit allein schuldig, unsere rethe und diener dartzu zu erlauben, sonder auch mit leibs und guts vermogen dartzu zu setzen. Orr. W. H. 143 und M. Br.-C.
[4]) Joh. Fr. an Hz. Ernst Torgau 22. Febr. Kopie M. Br.-C. u. a.

Landgrafen und Braunschweig verbreiten lassen. Den Anlass zu dieser literarischen Fehde hatte ein Schriftwechsel mit Hessen wegen der einstigen Festnahme des herzoglichen Sekretärs gegeben; mit dem Umsichgreifen des Konfliktes waren dann auch der Kurfürst, Braunschweig und Herzog Ernst hineingezogen worden, und nun trat bereits eine solche Gehässigkeit zwischen den Hauptgegnern zu Tage, dass man sich nicht scheute, neben dem öffentlichen auch das Privatleben der Fürsten in schimpflicher Nacktheit der Aussenwelt vorzustellen: als Trunkenbold und Monstrum verhöhnten diese letzten Pamphlete den Kurfürsten und griffen begierig den Vorwurf der Doppelehe Philipps auf, durch die er sich wie durch seine wiedertäuferischen Neigungen einem Könige von Münster würdig zur Seite stelle [1]); denselben Stoff durchhechelte der anonyme Sendbrief des »Nachrichters zu Wahrheitsbrunn« [2]).

Mit diesem Ausdruck der gesteigerten Feindschaft standen die neuen Thaten des Herzogs im Einklang: schon waren seine mit der Landesverwaltung betrauten Räte im Begriff, Goslar auszuhungern [3]). Den herzoglichen Unterthanen wurde zu diesem Zwecke jede Handelsbeziehung zu der Stadt untersagt, und ihre Zinsen und Einkünfte aus dem Fürstentume eingezogen; Strassenhüter zu Ross und Fuss beherrschten von der

---

[1]) Ihr verkürzter Abdruck bei Hortl. IV c. 11 und 16 giebt nur ein verblasstes Bild der in ihnen wie den späteren Streitschriften ausgesprochenen Erbitterung. Zu ihrer Charakteristik möge die Motivierung des Hortlederschen Editionsverfahrens hier Platz finden: Nachdem ... genugsam bekannt welchermassen aus den Chursächsischen, Hessischen und Fürstlichen-Braunschweigischen Bericht- und Streitschriften endlich solche gehässige, gifftige und abscheuliche Schmach-Injurien- und Famosschriften worden, dass etliche der Teufel in der Hell selbst schwerlich ärger hätte erdenken können, ... hat mir in keine Wege gebühren wollen, solche Schriften ohne Enderung, wie die andernn, an Tag zu geben. Habe derwegen dieselbe unnütze, verbitterte, ehrenrührige, schmähliche Wort ... als ein rechtes Unkraut ausgejätet, weggeworfen, abgetilgt. (Vorrede 33.)

[2]) Inhalt bei Koldewey. Heinz von Wolfenbüttel. S. 21. 22.

[3]) Dem Folgenden liegt der umfangreiche Briefwechsel der Stadt mit dem Landgrafen aus dem Januar und Februar 1541 zu grunde. M. St. G. 40—41. Vergl. auch Hortl. IV c. 46. 66.

Vienenburg, dem Kloster Riechenberg und Zellerfeld aus die Landstrassen nach Braunschweig, Seesen und Osterode, beraubten und misshandelten die Bürger, deren sie habhaft wurden, und liessen nichts ein- noch ausgelangen, so dass Briefe an den Landgrafen Tage lang ihrer Bestellung harren mussten und mit dem Kurfürsten zeitweilig jeder schriftliche Verkehr unterbrochen war. Nicht lange darauf hemmte den Geächteten auf des Herzogs Bitte auch Kardinal Albrecht die Zufuhr aus dem nahen Halberstädtischen Stifte. Es verlautete in der Stadt, der Fürst denke es so bis zum Schlusse des Reichstages zu halten und dann mit seinem Landsassen, 300 Reitern und 7 Fähnlein, darunter 2000 bairischen Knechten, den Hauptstreich zu führen.

Man erwartete Linderung von der Suspension der Acht, aber gerade auf diese Nachricht hin wurden die streifenden Rotten verstärkt, und als die befreundeten Nachbarstädte den Notleidenden Lebensmittel zuzustellen suchten, die Fuhrwerke unterwegs mit Beschlag belegt. Es geschah auf Befehl des Fürsten, der ausdrücklich von Regensburg aus seine Räte angewiesen hatte, sich an etwaige Verordnungen vom kaiserlichen Hofe oder Kammergerichte nicht zu kehren und gegen Goslar den hinterlassenen Befehlen gemäss fortzufahren [1]). Als nun der Rat den Befehlshabern zu Wolfenbüttel eine ihm vom Landgrafen zugestellte beglaubigte Abschrift der Suspension unterbreiten liess, damit sie nicht Unkenntnis vorschützen könnten, gab der Grossvogt dem Boten unter Fluchen und Schelten nur die ausweichende Antwort, seine Herren möchten erst das Original mit dem kaiserlichen Siegel schicken: dann würde er sich gebührlich zu halten wissen [2]).

[1]) Hz. Heinr. an Balthasar Stechau. Regensburg 9. Febr. 41. Zum andern ist unsen gnediger bevelch an dich, ob schon ainiche schriften, mandata oder briefe von key. mat. hofe oder irer mat. camergericht der von Goslar halben gein Wulfenbuttel kemen oder geschickt wurden, du wollest unvermerkt derselben nichtdestominder auf unsern hievor dir gelassenen bevelch wider die von Goslar furtfaren und inen nichts zufuren lassen. Konc. u. Or. M. A. II. H. 40—41. Vergl. Hortl. IV c. 46. 13.

[2]) Goslar an Phil. 2. März pr. Marburg 9. März 41. Or. M. St. G. 40—41.

Auch Braunschweig beschwerte sich, dass trotz des gebotenen Friedens die Herzoglichen sich wiederholt an Sendungen von Bier und Häringen, den gangbarsten Handelsartikeln der Fastenzeit, vergriffen hätten.

Es hat durchaus den Schein der Wahrheit für sich, wenn zu Regensburg aus der Umgebung des Kaisers den hessischen Gesandten im Vertrauen mitgeteilt wurde, dass diesem ganzen Verhalten des Braunschweigers ein von ihm und Held wohldurchdachter Anschlag zu Grunde läge, er nämlich durch seine frühe Ankunft, die gleichzeitige Verbreitung der Schmähschriften und seine fortgesetzten Thätlichkeiten nichts anderes bezwecke, als seine Gegner solange vom Reichstage fernzuhalten, bis er selbst Zeit und Gelegenheit gehabt hätte, seine unlauteren Pläne beim Kaiser zu betreiben[1].

Jedenfalls unterliegt es keinem Zweifel, dass er auf des Kaisers Ankunft nur darum so sehnsüchtig harrte, um dessen bisherigen Gegensatz zu den Protestenten für kriegerische Mehrung seiner Macht auszubeuten, und je eher, je lieber, über die verhassten Nachbaren hergefallen wäre[2]. Eine Denkschrift, welche später samt seinen übrigen Papieren vom evangelischen Bunde erbeutet wurde, gestattet uns dies mit voller Sicherheit zu behaupten. Der Kaiser, führt sie aus, werde berichtet sein, wie die Protestanten nicht daran dächten, sich

---

[1] Christoph v. Taubenheim und Eberhard v. d. Thann an Joh. Fr. Regensburg 12. März 41. So wurden E. churf. u. f. gn. sich nicht ehr, ime herzog Heinrichen were dan auf solchs sein schmehebuch geantwortet, und die beschwerungen gegen die zwei stetten abgeschafft, anher begeben, und er mitlerweile luft und raume haben, seine böse sachen bei kais. mt. zu fordern, auszurichten, oder nach seinem gefallen zu unterbauen. (Nach Mitteilung einer »ansehnlichen Person aus des Kaisers Hofgesinde« an die hessischen Gesandten). Or., W. R R T IV 194.

[2] Hz. Heinr. an Ludwig von Baiern. Wolfenb. 24. Dez. 40. Dan uns allen und sonderlich uns also mitten under den hunden dermassen in zweiffel und betruck zu sitzen, nichts dan beschedigung und uberfalls zu gewarten, wirdet oder kan unser keinem in die leng gelegen sein; wir mussen entweder ainen guten bestendigen friden haben oder mit ainem guten krieg uns friden schaffen. Konc. M. A. H. H. 40 41. Vergl. Hortl. IV c. 46. 41.

mit ihm zu vergleichen, sondern selbst den Herrn zu spielen. Wolle er deshalb seinen Willen bei den Ungehorsamen ausrichten, so stände ihm des Herzogs Person völlig zur Verfügung, nur möge er ihm die Kosten des Feldzugs vorstrecken und ihn — das ist der Kernpunkt — mit den eroberten Landen belehnen [1]).

Am 23. Februar erschien Karl V. in unscheinbarem Aufzuge, noch angegriffen vom Podagra, welches ihn in Speier zu längerem Verweilen genötigt hatte [2]); vor dem Thore der Reichsstadt ritten ihm Herzog Heinrich und Ludwig von Baiern entgegen. Augenscheinlich war jener bemüht, seinem Wesen einen günstigen Anstrich in den Augen des Herrschers zu verleihen: als er ihn am nächsten Tage zur Kirche geleitete, trug er durch ein auffallendes Gebahren mit dem Rosenkranze um so geflissentlicher eine äussere Frömmigkeit zur Schau, je weniger er von der echten durchdrungen war [3]).

Aber wenn beide Fürsten damit umgingen, den Kaiser gleichsam als ihr Parteihaupt in Beschlag zu nehmen, so konnte seit Karls erstem Auftreten im Reiche kein Augenblick ungünstiger gewählt sein. Das zeigte sich gleich, als sie ihn baten, Held als Vermittler heranzuziehen, da sie ihm allerlei vertrauliches anzuzeigen hätten, und er sich nicht gerne der deutschen Sprache bediene: der habe, entgegnete Karl, selbst

---

[1]) Und wir wolten uns, wo die kais. mt. n. monat lang n. reuter und pferde auf ihren kosten halten wolten, darzu gebrauchen lassen und vertrauten auch damit mit gottes hulf die dinge auszurichten, und was wir gewinnen wurden, das die kais. mt. uns damit belehnen wolte, mit erbietung, irer mt. den aufgewandlten kosten in n. fristen von solchen eroberten landen wiederumb zu erstatten. Hortl. IV c. 46. 46.

[2]) Taubenheim und Thann an Joh. Fr. Regensburg 24. Febr. Etwas schwach, übel zu fuss und von farben ganz bleich. Or. W. R R T IV 157.

[3]) Dr. Gereon Sailer an Phil. Regensburg 2. März. Am andern tag darnach . . . ritt der kaiser aber one allen pracht in die kirchen, und gleik vor ime h. Ludwig von Baiern und h. Hainrich von Braunschweig, der hett ain corallen-patternoster in der hand, hiet 'en wol in die hoch, damit man den sehen mocht. H. Hainrichs wieniger adel war mit samet und ketten fast wol geputzt. Aus der von Herrn Prof. Lenz genommenen Abschrift des M. Archivs.

seinen Urlaub erbeten und erhalten, auch würde seine Anteilnahme an den Verhandlungen das Missfallen einiger Stände erregen; beliebe es aber den Fürsten, ihn in eigenen Geschäften zu verwenden — wie der Herzog ferner anhielt — so wolle er ihnen darin keine Vorschriften machen¹). Wirklich erschien nun auch Held, doch schon ein schwacher Versuch seines Gönners, ihm Einfluss zu verschaffen, rief den Unwillen des Kaisers hervor, auch verbot er dem Herzog die fernere Verbreitung seiner Schmähschriften. Um so rücksichtsvoller kam er den Protestanten entgegen: er habe eigens Befehl, erklärte Granvella den sächsischen und hessischen Gesandten, für ein bequemes Unterkommen ihrer Herren Sorge zu tragen, und sollte darum selbst das kaiserliche Hofgesinde Mangel leiden²). Wie hätten unter solchen Verhältnissen des Herzogs Offensivpläne Anklang finden sollen!

Es konnte nicht ausbleiben, dass die Klagen der Städte in den Vorstellungen des Landgrafen und seiner Räte zu Regensburg widerhallten. Granvella nahm hierauf dem Fürsten zwar das Versprechen ab, die Mandate zu beobachten, aber seine darüber ausgestellte Verschreibung besagte nur, dass er die Goslarische Gesandtschaft ungefährdet zum Reichstage wolle ziehen lassen. Als nun auf ein erneutes Drängen Philipps der Kaiser durch seinen Sekretär Naves dem Herzoge abermals strikten Gehorsam anbefehlen liess, erklärte dieser mit kecker Stirn, alle Thätlichkeiten bereits abgestellt zu haben, und erbot sich nochmals, während des Reichstages die Geächteten in Ruhe zu lassen, ja er beschuldigte seinerseits die Städte, durch Kriegsrüstungen und Verwüstung seiner Gehölze vielmehr ihm Grund zur Klage zu geben³).

Allerdings hatte er sich bereits in dem braunschweigischen Streite zur Nachgiebigkeit entschlossen. Um so mehr, da jetzt,

---

¹) Wie S. 61 Anm. 1.
²) Wie S. 62 Anm. 2.
³) Hess. Räte an Phil. Regensburg 10. März. Kopie W. H. 149, ebenda auch die erste undatierte Verschreibung des Herzogs. Die zweite ebenfalls o. D. [11. März] W. R R T I 129. Vergl. auch den Briefwechsel Philipps mit Granvella bei Lenz II S. 13—16.

So spät erst, die Mandate, durch welche der Kaiser von den Niederlanden aus beiden Teilen Stillstand auferlegt hatte, an die Oeffentlichkeit traten [1]. Ihren Bestimmungen gemäss wurden die Gefangenen ausgewechselt und die vorenthaltenen Zinsen und Zehnten wie die mit Beschlag belegten Güter der Stadt, deren Wert der Herzog auf 40.000 Gulden schätzte, zurückgegeben. Dagegen blieben nach wie vor die Amplebenschen Bauern mit Abgaben und Diensten fürstlichen Landsassen verpflichtet, und wurde keinerlei Bestimmung getroffen, ob den geächteten Ratsmitgliedern und Bürgern fortan wieder erlaubt sein sollte, ungefährdet im Fürstentume zu verkehren. Andererseits räumte auch die Stadt nicht die Wiedereinrichtung des katholischen Gottesdienstes in den beiden Stiftskirchen ein und getraute sich, dies vor dem Kaiser verantworten zu können [2].

Bezüglich Goslars standen dagegen des Herzogs fernere Massregeln nur in sehr bedingter Weise mit seinem Versprechen in Einklang. Wohl gab er Befehl, die groben Gewaltthaten einzustellen, doch sollten immerhin noch die umherstreifenden Rotten Schrecken um sich her verbreiten und vor allem verhüten, dass die Stadt über den täglichen Bedarf hinaus mit Proviant versorgt würde [3].

---

[1] Das an die Stadt lautende Mandat wurde dem Rate am 11. März durch einen wolfenbüttelschen Kanzleibeamten eingehändigt, der den Verzug damit begründete, dass sie 3 bis 4 Wochen beim Drosten zu Gandersheim gelegen hätten, wo sie vom kaiserlichen Boten abgegeben wären. Jedenfalls hatte man vorsätzlich ihre Bestellung verzögert, um unterdessen vom Herzoge Bescheid einzuholen.

[2] Braunschweig an Joh. Fr. 11. und 16. März. Orr. W. H. 142.

[3] Hz. Heinr. an Balth. Stechau. Regensburg 11. März. Goslar betreffende ist unser meinung das du mit Achim Reiben [Riebe, dem Befehlshaber der streifenden Truppen] in aller geheim reden und beschaffen wöllest . . . das unsere streifende rotten sich angreiffens messigen, aber doch sich also halten, das man entsetzen vor inen haben muss, sonderlich wan sich die von Goslar mit prophiand oder anderer munition nit mehr oder hefftiger sterken, dann ir thegliche notturft ervordert. Wo aber mit hauffen ungewonlicher weiss inen zugefuert wurde, alsdan wöllest die fuerleuth zurucken treiben und doch inen nichts abladen oder nemen, sondern sie schweren lassen, das gute oder korn wieder an die statt, do sie uffgeladen, zu fueren

Diesen Preis seines langjährigen Strebens war er also nicht gewillt fahren zu lassen.

Unterdessen weilte der Landgraf noch immer zu Marburg, da er nicht ohne eine Antwort auf das herzogliche Pamphlet zu Regensburg zu erscheinen gedachte. Vor Mitte März wurde ihr Druck beendet [1]); den Vorwurf der Digamie parierte sie durch die an den Herzog gerichtete Aufforderung, Bescheid zu geben vom Verbleibe der schönen Eva Trott, des einstigen Hoffräuleins seiner Gemahlin, die er zum Hohn auf seine Religion unter Vigilien und Seelenmessen im Scheinbegräbnis habe verschwinden lassen. Gleich darauf erschien auch die derbe Entgegnung des Kurfürsten [2]), trat Luther mit seinem Sendschreiben »wider Hans Worst« auf den Kampfplatz, und folgte

---

und in stehender acht denen von Goslar nichts mehr zutzefuren mit angehenckter betraubung, wo sie daruber mehr in solcher gestalt betretten wurden, das man sie erstechen oder umbbringen, inen auch alles was sie haben nemen wollte. Kopie M. A-W. 42. 5. Ähnlich ders. an die Hofräte zu Wolfenb. Regensb. 11. März. Koncept. So viel aber in sonderheit die von Goslar betrifft, lassen wir uns die vermainten suspension der acht wenig anfechten, dann wir wissen fur gewiss, das dieselbig nichtig, wider des reichs ordnung und landfrieden, auch durch falschen bericht erlangt worden ist, wie wir dann solches der key. mat. underthenigst zu vermelden nicht underlassen und noch zur zeit uf der key. mt. begeren nit mehr bewilligt haben, dann das die von Goslar auf ir mat. vorbeschehen verglaitung disen reichstag unser und der unsern halber unbefart sicher besuchen möchten, und das wir mittlerweil desselben reichstags nichts thetlichs wolten gegen sie furnemen oder furnemen lassen, indem sie sich herwider gegen uns und die unsern gleichfals auch halten wurden; und ist uns von key. mat. zugesagt, das solliche suspension, als es dann an ime selbst ist, an unserm erlangten rechten und urteil unnachteilig oder unvergreifflich sein solle. Darumb begeren wir gnediglich, ir wollet laut jungsten uusers schreibens in allewege wider die von Goslar gebaren und ob unserm der zu und abfur halben hievor ausgegangenen gebott ernstlich halten und daran sein, das mit denen von Goslar durch die unsern nichts contrahiert oder gehandelt werde bis uf ferrerm unsern beschaid. Konc. M. AHH. 40/1.

[1]) Sie sollte dem Herzog, hielt sich Philipp versichert, »weidlich in die Nasen riechen« und »sein Lügenmaul stopfen«.
[2]) Hortl. IV c. 19 u. 22, vgl. Koldewey S. 12.

aus dem hessischen Lager die »Expostulation und Strafschrift Satanä«[1]).

Im Vertrauen auf die redliche Gesinnung des Kaisers machte sich nun Philipp auf den Weg, ohne völlig beruhigende Nachrichten betreffs beider Städte abzuwarten; erst zu Würzburg empfing er die schriftliche Zusage des Herzogs. Jetzt willigte auch der Kurfürst endgültig ein, von der Entsendung der beschlossenen Hülfe Abstand nehmen zu wollen und vertröstete Goslar, dessen Vorräte täglich geringer wurden, bis auf ein weiteres Anhalten auf dem Reichstage Geduld zu tragen. — Wenn auch der Landgraf in den letzten Monaten den starren Eifer des Kurfürsten gezügelt und den Frieden gewahrt hatte, so war doch gerade er der Gegner, von dem der Herzog das Schlimmste zu erwarten hatte. Denn nur darum bewies er jetzt diese Mässigung, um später in vortheilhafterer Lage einen um so wuchtigeren Streich gegen seinen Feind führen zu können. Unter dem Eindruck der herzoglichen Schmähschrift deutete er solchen Plan dem Kurfürsten zuerst an. Nicht, dass auflodernde Erbitterung ihm die Feder geführt hätte: eher muss man sich wundern, wie wenig der Hass den klaren Blick des leidenschaftlichen Fürsten trübte. Vor jedem Gewaltschritte drang er darauf, den Erfolg der kaiserlichen Verordnungen beim Herzog abzuwarten. Denn gehorche dieser, oder könne es nur den Anschein haben, und man begönne nichtsdestoweniger, und noch dazu mit so schwachen Kräften, die Feindseligkeiten, so würde man vor Kaiser und Reich als Unruhestifter dastehen und die Gegnerschaft des mächtigen katholischen Bundes zu bestehen haben. Leiste er aber den Mandaten keine Folge, so setze er sich selbst beim Kaiser ins Unrecht: dann müsse man zu Regensburg sein Treiben ins rechte Licht setzen, ihm so seine Bundesgenossen abzugewinnen suchen und könne alsdann nach Beendigung des Reichstages den Städten um so wirksamere Hülfe leisten[2]).

---

[1]) Inhaltsangaben bei Koldewey. S. 24—31 u. 22—24.
[2]) Phil. an Joh. Fr. Wolkersdorf 16. Febr. 41. Or. W. H. BB. s. Anhang II.

Auf seiner Reise spann Philipp diese Pläne weiter aus. Sollte ihr Widersacher, so schlug er von Nürnberg aus vor, die Städte künftig angreifen — wie zu erwarten stände, wenn der Handel nicht auf dem Reichstage beigelegt würde — so müsse man in aller Stille 3000 Pferde und 13—14.000 Knechte aufbringen und jenen gleich mit überraschendem Schlage treffen. Dann könne man in drei bis vier Wochen das ganze Fürstentum einnehmen, vor den festen Plätzen, die bis dahin nicht gefallen seien, einen Teil des Kriegsvolkes auf Kosten des Landes liegen lassen, und würde also auf einmal der Unruhe ein Ende machen [1]).

Am 27. März langte der Landgraf in Regensburg an. Gleich in der ersten Audienz beim Kaiser brandmarkte er zum Erstaunen des Hofgesindels in überfreier Rede [2]) die Thaten und Schriften seines Gegners und erbot sich dagegen, vor einer Kommission mit Urkunden und Zeugen die Wahrheit alles dessen zu beweisen, was er selbst gegen ihn geschrieben habe. Jndem nun der Kaiser versprach, dies Verlangen in Erwägung zu ziehen, begehrte und erhielt er von Philipp die Zusage, keine weitern Schmähschriften drucken zu lassen und im übrigen ihm die Sache anheimzustellen [3]).

Da sich der Landgraf ferner noch weigerte, seinen Sitz der herkömmlichen fürstlichen Rangordnung gemäss neben dem Herzog einzunehmen, wies der Kaiser dem in seinem Gefolge befindlichen Herzoge von Savoyen seinen Platz zwischen beiden an und beseitigte somit den letzten Umstand, welcher den Beginn der Verhandlungen verzögert hatte.

---

[1]) Phil. an Joh. Fr. Nürnberg 25. März 41. Or. W. H. 149. s. Anhang III.

[2]) Melanchton an Luther. Reg. 29. März. Mirabantur aulici Imperatoris τὴν παῤῥησίαν αὐτοῦ. Erat enim Macedo acerrima oratione invectus in Mezentium. C. R. IV 143.

[3]) Hortl. IV. c. 34. 3.

Am 5. April eröffnete der Kaiser den Reichstag und hiess zunächst die Beilegung des Glaubenszwiespaltes in Beratung zu ziehen. Aber sein Begehren, ihm die Ernennung der beiderseitigen Theologen anheimzustellen, welche die abweichenden Punkte erwägen und ihr Gutbefinden den Ständen berichten sollten, kreuzte sich mit dem Widerstreben hauptsächlich der altgläubigen Partei; erst am 27. April konnten die drei Kolloquenten jedes Teiles an der Hand eines von Granvella und den gemässigten Theologen gebilligten Entwurfes das Gespräch beginnen.

Während der Landgraf im engen Einverständnis mit Bucer diesem Versuche die hoffnungsvollste Theilnahme entgegenbrachte, wie sehr er auch in allen Punkten, die Gottes Wort, Gewissen und Seligkeit betrafen, nicht um den kleinsten Buchstaben zu weichen gedachte [1]), und sein Bestreben den Wünschen der meisten evangelischen Stände entsprach, sah der Kurfürst, beeinflusst durch Luthers klareres Urteil, das ganze Unternehmen als aussichtslos an und hielt es, da er sich nicht von der Aufrichtigkeit des kaiserlichen Vorhabens zu überzeugen vermochte, für hochbedenklich, von der einmal fixierten Glaubensnorm abzuweichen. Bei solcher Gesinnung fürchtete er, dass sein persönliches Erscheinen leicht offene Misshelligkeiten mit der evangelischen Mehrheit im Gefolge haben, ja den Anlass zu einer Trennung des Bundes geben könnte, oder ihm zum mindesten den Vorwurf beider Parteien eintragen würde, das Scheitern des Einigungswerkes verschuldet zu haben [2]).

---

[1]) Antwort des Landgr. beil. Räte an Joh. Fr. Reg. 29. März. Or. W. RRT. I 125. Sovil aber die entweichung in religionsachen anlanget, were s. f. g. gemut je und allweg gewest und auch noch, in den artikeln, die gottes Wort, unser gewissen und seligkeit antreffen, mit dem geringsten buchstaben nicht zu weichen; was aber eusserlich ding und neutralia weren, hielten es s. f. g. dafur, das nit ungut sein solt, etwas das man mit got und gewissen thun möcht nachzuhengen und um frommer leute willen, die noch unter den papisten weren und zum evangelio treten möchten, ein kleine gedult zu haben.

[2]) Gregor Brück an Franz Burkhardt. Buchholz 6. Mai. 41. Or. W. RRT. V 255, u. Instruktion der sächs. Räte Torgau 15. März Or. eb. 27; z. t. gedr. C. R. IV 123.

Seine Räte waren deshalb angewiesen, das Ausbleiben ihres Herrn einstweilen mit dem Gebahren des Braunschweigischen Herzogs und des Kammergerichtes zu entschuldigen; sie hatten Grund, an diesem Vorwande festzuhalten, als Karl — wie verbindlich auch seine Antworten lauteten — doch nicht ihren weitgehenden Forderungen zufolge das Kammergericht zu der ausdrücklichen Erklärung nötigen wollte, dem kaiserlichem Befehle eines Stillstandes nachzukommen, und sich betreffs der sächsischen Rekusation im Streite mit Kurmainz über das Burggrafentum zu Magdeburg und das Grafengeding und den Bann zu Halle dem Ausspruche eines fürstlichen Schiedsgerichtes zu unterwerfen [1]).

Inzwischen liess der Kurfürst nochmals das Bedenken des Reformators einholen; sein kerniger und unbeugsamer Bescheid bestimmte ihn endgültig, den Religionsverhandlungen seine Teilnahme zu versagen: es sei besser, tröstete er sich, einen gnädigen Gott, als eine gnädige weltliche Obrigkeit zu haben. In diesem Sinne sprachen er wie seine Gesandten sich auch schliesslich dem Vertreter des Kaisers gegenüber aus [2]).

Die Besorgnis Sachsens vor einer übergrossen Nachgiebigkeit der protestantischen Theologen erwies sich jedoch als unbegründet. Denn als die Kolloquenten am letzten Mai dem Kaiser über das Ergebnis des Gespräches Bericht erstatteten, war im wesentlichen nur über die Rechtfertigungslehre in einer der protestantischen Lehre nahekommenden Auffassung eine Einigung erzielt; im übrigen stellte sich die Unmöglichkeit, beide Prinzipien zu vereinen, um so schärfer heraus. Das letzte

---

[1]) Kais. Antwort u. Replik Wolfs v. Anhalt, heil. Räte an Joh. Fr. Reg. 3. April. Or. W. RRT. I 148 u. »Kais. Mt. weitere Resolution . . .« Or. IV. 231.
[2]) Joh. Fr. an Pfalzgraf Friedrich. Torgau 7. Juni. Kom. W. RRT. I. 276; u. Unterredung der Räte mit dems. v. 2. Juni. Die sachen der religion weren nicht gelegen wie andere weltliche hendel, darinnen man wider gotlich wort entweichen oder ab- und zusetzen mochte, . . . wahrheit und unwahrheit in gottes sachen mochten nicht beieinander stehen, sich auch nicht ferben oder verblumen lassen. II 9.

nunmehrige Auskunftsmittel des Kaisers, der Versuch, durch eine Gesandtschaft Luther selbst zur Nachgiebigkeit zu bewegen, konnte am wenigsten Aussicht auf Erfolg bieten.

Während dieser Verhandlungen hatte der Landgraf Musse genug, um, wie er sich vorgenommen, vor Kaiser und Reich darzuthun, »was Herzog Heinrich für ein Mann sei, und wie er mit den Städten umginge«. — Die erste moralische Niederlage erlitt dieser bereits durch die Konsequenzen seines bisherigen Verhaltens gegen Goslar. Als nämlich die Schmalkaldener unter Berufung auf ein in dort aufgenommenes notarielles Zeugnis sich aufs neue über den Herzog wegen der andauernden Versperrung der Strassen beschwerten, der aber nach wie vor alles in Abrede stellte, entsandte der Kaiser auf vorherigen Vorschlag des Landgrafen unvermerkt einen Kommissar in der Person des Freiherrn Christoph von Seiseneck, um an Ort und Stelle der Wahrheit auf den Grund zu kommen [1]).

Zu Halberstadt, wohin dieser die Wolfenbüttelschen Räte citierte, durchschaute er alsbald das Gewebe der Unwahrheiten, mit dem ihn ihre Bevollmächtigten zu umgarnen suchten und wies sie mit ihrer Instruktion zurück; als nichtsdestoweniger der herzogliche Vicekanzler beim Läugnen beharrte, sträubte sich die ehrenhaftere Natur seiner beiden adeligen Begleiter, ihm länger beizupflichten [2]).

---

[1]) Supplikationen vom 2. u. 9. April, letztere W. RRT I 216. Die Beglaubigung Seisenecks ist vom 12. Apr. datiert. Kopie W. H. 142.

[2]) N. N,, Bürger zu Goslar [an Bernh. v. Mila]. Halberstadt 27. Apr. So sein alhier zue Halberstatt heint Dienstags [26. Apr.] hier gewesen von wegen des herzogen Ebert von Bischoffrode, Achin [so] Riebe und der vicekanzler licentiat N. [Eberhart] Krause und haben nicht viel ausgerichtet, sollen mit unwarheit umbgegangen haben; der comissari hatt aber der groben lugen verstanden und die rethe mit irer Instruktion abgeweiset; sein die rethe unter sich uneins worden, und die zwen vom adel haben gesagt zum vicekanzler: wolte er liegen, das mochte er thun, es stunde ihnen ubell an, und sie wollten das nicht thun. Ist also der commissarius fertig; will morgen nach Braunschweig und Goslar und aldo die lebendigen zeugen verhoren. Kopie W. H. 144.

Nachdem dann der Kommissar zu Braunschweig die Berechtigung der dortigen Klagen untersucht hatte, welche meist nur Verkehrsstörungen auf der goslarischen Landstrasse betrafen, widmete er seiner Aufgabe eine ganze Woche[1]) bei den Geächteten, liess sich artikelweise die Beschwerden seit der Suspension übergeben und verhörte eidlich die Beteiligten. Sein wohlwollendes Auftreten wie die Teilnahme, welche er der städtischen Not und dem Darniederliegen des Bergbaus entgegenbrachte, erweckten allgemeines Vertrauen und bestimmten den Rat zu der Bitte, ihm auch ihre sonstigen bisherigen Bedrängnisse vortragen und ans Herz legen zu dürfen[2]) Bereitwillig hörte er die Erzählung an, liess sich die städtischen Privilegien zur Einsicht unterbreiten und nahm auch die verhängnisvolle Lage der niedergerissenen Gebäude des Georgenberges in Augenschein, um derenwillen die Stadt vornehmlich in die Acht gesprochen war. Mit froher Zuversicht auf baldige Erlösung sahen ihn die Bürger scheiden.

Ich finde nicht, welchen Eindruck der kommissarische Bericht auf den Kaiser machte; doch Ende Juni erschien zu Goslar sein deutscher Herold im vollen Ornate und verkündete dem Rat die Gnade seines Herrn; zu Wolfenbüttel aber, wohin er weiterritt, geriet er hart mit den Befehlshabern aneinander: wie Winter und Sommer, berichtete die Stadt dem Landgrafen, hätten sie sich getrennt[3]).

Möglich, dass der Herzog durch sein Erscheinen im Lande wieder gut zu machen hoffte, was seine Räte versehen hatten, als er nun sich zum Aufbruch anschickte und um seinen Abschied bat. Aber eben damals wurde ihm zu Regensburg durch eine Anzahl Beschwerdeschriften dermassen zugesetzt, dass er nicht

---

[1]) Vom 2. bis 9. Mai.
[2]) Goslar an Joh. Fr. 18. Mai: Or. Denn als wir den herrn commissarien ab extra haben judicieren können, müssen wir ihn vor einen fromen, stracken und aufrichtigen hern achten, der unparteilichen und seinem befelh nach handeln werde. W. H. 142.
[3]) Goslar an Phil. 18. Juli, pr. Karthause Eppenberg 26. Juli. Or. M. St. G. 40/1.

wohl ohne den Versuch einer Verantwortung mit Ehren sich davonmachen konnte.

Vorgearbeitet hatten bereits die Streitschriften der beiden protestantischen Führer, welche eifrig verbreitet und gelesen wurden [1]). Dann fand das Gerücht, welches dem Herzoge und seinen Beamten die vielen kürzlich in Norddeutschland verübten Mordbrennereien zur Last legte, in einer evangelischen Klageschrift ein beredtes Echo; zahlreiche auf des Herzogs Urheberschaft zurückführende Aussagen schienen dessen Schuld zu bestätigen. Wie diese, entstammte der hessischen Kanzlei die Supplikation einer Anzahl Reichsfürsten für des Herzogs jüngeren Bruder Wilhelm, den er durch eine mehr denn zwölfjährige Kerkerhaft zur Anerkennung seines alleinigen Erbfolgerechtes und Annahme einer jährlichen Abfindungssumme von 2000 Gulden gezwungen hatte. Dazu stellte die Trottsche Verwandtschaft unter Führung des kurbrandenburgischen Marschalls und eines vertrauten Rates Philipps das Verlangen an den Kaiser, dem Herzoge den Todesnachweis des ehemaligen Hoffräuleins aufzuerlegen, oder aber, falls das Gerücht begründet sei, dass sie zur Stauffenburg als Mutter mehrerer Kinder mit ihm im sträflichen Verhältnis lebe, das rechtliche Verfahren gegen ihn zu eröffnen [2]).

Eine ungesuchte Bundesgenossenschaft fand noch der Landgraf in den Klagen des Hildesheimer Bischofs, dass ihm jener durch Meuchelmörder nach dem Leben getrachtet und Brandstiftungen in seinem Lande habe üben lassen. Auch trug das Benehmen des Herzogs auf dem Reichstage selbst zu seiner ungünstigen Beurteilung bei. Der Erzbischof von Lund, der ihm den gebotenen Handschlag verweigerte, hätte fast seinen

---

[1]) Nach dem Bericht der hessischen Räte liess Granvella bei der Übergabe der landgräflichen Entgegnung die Worte fallen: es dorfften E. f. gn. inen herzog Heinrichen nit beschreiben, dann sie khenten inen bass, dann E. f. g. inen ummer beschreiben khönten.

[2]) Die betreffenden Klageschriften bei Hortl. IV c. 26—31.

Jähzorn handgreiflich erfahren [1]), und mit der ihm eigenen Rücksichtslosigkeit suchte er bald darauf im Fürstenrate Markgraf Georg von Brandenburg den Vorrang in der Session abzudrängen, unbekümmert darum, dass er dadurch die ganze Sitzung sprengte und neue Klagen der Stände gegen sich herausforderte. Täglich, berichteten die sächsischen Theologen, werde er verhasster, das Schlimmste traue man ihm zu, und nie zögen die Fürsten diesen Mezentius zu ihren zahlreichen Festlichkeiten. Nur die Herzöge von Baiern, denen er politisch am nächsten stand, würdigten ihn ihres Umgangs.

Auf eigentümliche Weise suchte er sich an dem Ansehen seines Hauptfeindes zu rächen. In dem Getümmel der grossen Reichstagssitzung vom 10. Juni beschwerte er sich beim Kaiser mündlich und schriftlich über die gegen ihn erhobenen Beschuldigungen, ohne dass die Worte bis zum Landgrafen drangen oder dieser ihren Sinn erfuhr, und erbot sich, falls der Kaiser seine Widersacher bewegen wolle, dem Schutze des Geleites zu entsagen, unverzüglich an Ort und Stelle ihnen im Rechten oder mit dem Schwerte Rede stehen. Als dann Philipp bei seinem Abschiede wieder um die früher erbetene Kommission zum Zeugenverhör nachsuchte, vernahm er wohl von dem Vorhandensein einer herzoglichen Bittschrift, doch erfuhr er ihren Inhalt erst, als sie jener wider seine Zusage drucken liess mit dem ehrenrührigen Zusatze in der der Ueberschrift: »Am vierten Tag darnach ist der Landgraf vom Reichstag hinweggezogen und hat keine Antwort hierauf gethan« [3]). Nun

---

[1]) Räte an Joh. Fr. Reg. 9. Juni: Man sagt auch ferner und vor gewiss, der von Braunschweig soll dem bischoff von Lunden entbotten haben, es rewe in, dieweil er dem bischoff die faust gebotten und der bischoff die gewegert, dass er im, dem bischoff, die fausst nit uff den kopff geschlagen .... do habe ime der bischoff wider entbotten, were er, der hertzog, so keckh gewesen ... oder understunde sichs noch zu thun, so wolt er ime wider in den kaldaunen umbgangen sein oder umbgeen. Or. W. RRT. II 28.

[2]) Räte an Phil. Reg. 23. Juni, pr. Karth. Eppenberg 29. J. Or. M. RT. 41.

[3]) Hortl. IV. c. 32, u. Antwort des Landgr. eb. c. 34.

zögerte auch der Kaiser nicht länger, die erneute Bitte Hessens zu gewähren, um so weniger, als soeben sein Verhältnis zu diesem Fürsten durch festen Vertrag geregelt war.

Nachdem mit dem Ausgange des Religionsgespräches der Kaiser seine Hoffnung, an dem konfessionell geeinten Deutschland eine Stütze zu finden, so gut wie gescheitert sah, und er wieder auf besondere Verständigungen mit beiden Parteien angewiesen war, musste seine Politik um so notwendiger auf die Wormser Verhandlungen mit Hessen zurückgreifen, da Kursachsen jede Annäherung versagte.

Auch der Landgraf drängte unmittelbar nach beendetem Gespräche auf seinen Abschied und den Abschluss des Vertrages, indem er seine frühe Abreise mit der bevorstehenden Heimfahrt seiner Tochter und einer mit seinem Eidam, Herzog Moritz, verabredeten Zusammenkunft motivierte. In der That nahm der täglich zu erwartende Regierungswechsel im albertinischen Sachsen seine ganze Aufmerksamkeit in Anspruch; auch wollte er des kaiserlichen Drängens, auf die evangelischen Stände zu weiterer Nachgiebigkeit zu wirken, überhoben sein[1].

Am 7. Juni fand in seiner Herberge die entscheidende Besprechung mit Granvella statt[2]. Der Kaiser bewilligte völlige Amnestie; dafür versprach der Landgraf, ihm treu zu dienen in allen Dingen, die er vor Gott und Gewissen verantworten könnte, auch unbeschadet seiner früheren, einzeln aufgeführten Verträge im Reiche. Die lockenden Anerbietungen zur Teilnahme an einem Kriege gegen Cleve wies er zurück; in dieser Frage, wie Frankreich gegenüber, wollte er sich neutral verhalten.

---

[1] Unterredungen Philipps mit dem kursächs. Rate Hans von Dolzig am 2. u. 13. Juni. Eigenhänd. Originalberichte des letzteren an Joh. Fr. W. RKT. IV 275 u. 295.

[2] Das Protokoll Feiges über diese Unterredung, M. K., wird wie der Originalvertrag vom 13. Juni bei Lenz III. zum Abdruck gelangen. Vgl. den Auszug aus letzterem bei Rommel, Geschichte von Hessen. IV. Anm. S. 234 ff.

Damit war entschieden, dass das politische System Karls V. in nächster Zukunft keinen Raum bot für die von Herzog Heinrich vertretene offensiv-katholische Richtung. Auch auf sein Wohlwollen konnte dieser keinen Anspruch machen; hatte er um des eigenen Vorteils willen ungeachtet aller Vermahnungen und ernsten Befehle die Politik des Kaisers, der die europäische Lage die grösste Rücksichtnahme auf die Evangelischen gebot, nach Kräften erschwert und in Verlegenheit gebracht, so lag für diesen kein Grund vor, ihm auf dem so starrköpfig innegehaltenen eigenen Wege seinen Schutz angedeihen zu lassen. Und Granvella machte aus dieser seiner Auffassung kein Hehl; eben bei der Verhandlung mit dem Landgrafen äusserte er — jedenfalls mit Bezug auf das Ansinnen des Herzogs zu Beginn des Reichstages — dieser werde nicht aus des Kaisers Säckel noch mit dessen Willen kriegen; wolle er aber Unfrieden erregen, so möge er es auf eigne Gefahr hin thun. War das nicht eine unzweideutige Ermächtigung seiner Widersacher zur Selbsthülfe?

Eine Versicherung, die bei den Absichten des Landgrafen auf fruchtbaren Boden fiel. Er teilte diese Worte alsbald dem sächsischen Kanzler mit; würde nur erst, fügte er hinzu, der goslarische Handel für Bundessache erklärt, so liessen sich wohl Mittel finden, den Braunschweiger zu züchtigen [1]). In den-

---

[1]) Burkhardt an Joh. Fr. Reg. 18. Juni. [Der Landgraf] hat auch weiter gesagt, das sich herzog Heinrich von Braunschweig, wan ehr unlust erregen wolte, auf kais. mt. nicht durfte verlassen, und wurde ehr die stedte wider irer mat. verbot beschweren und vorgeweltigen, so wurde ime da kais. mt. eigentlich kein hulff thuen, dan ehr durffte auf des kaisers beutell kein unlust oder krig anfahen. Darumb wolten s. f. gn. gerne, das die goslarische sache vor ein religionsache mochte erkendt und angenommen werden: so konthe man wol wege finden, das der von Braunschweig umb seiner unzucht gestraft wurde. Es wolte auch s. f. g. itzunder in derselbigen abreissen von hinnen iren rethen alhie bevelh hinter ir lassen, zum vleissigsten anzuhalten derselbigen sachen halben, und do man sich je nicht mochte vergleichen, so solte die erkentnus durch die stimmen vermoge der verfassung ergehen, wie dan meines versehens die kunpfftige woche geschehen wirdet, dan man bisher die stende darzu nicht vermogen konnen. (Unterredung vom 13. Juni.) Or. W. RRT. V 117.

selben Tagen vertraute er dem kursächsischen Amtmann Hans von Pack einen umfassenden Kriegsplan gegen seinen Feind an, falls dieser von seinen Gewaltthaten gegen die Städte nicht ablassen würde, mit dem Auftrage, ihn bei seiner Heimkehr zur Kenntnis seines Herrn zu bringen. Aber noch während des Reichstags wurde dieser Gesandte von einem heftigen Fieber befallen, dem sein vorgerücktes Alter nicht zu widerstehen vermochte, und nahm sein Geheimnis, das er der Feder nicht hatte anvertrauen wollen, mit sich ins Grab [1]).

Am 14. Juni brach der Landgraf auf, vergnügten Sinnes: hatte ihm doch das Glück in der Politik nicht minder gelächelt wie beim Spiele des Abschiedsgelages [2]); drei Tage später konnte ihm sein Kanzler die Ausfertigung des Vertrages nachsenden.

So war dem Kaiser gelungen, den begabtesten Führer der Protestanten in seine Bahnen zu ziehen und die gefahrdrohende Verbindung der deutschen Opposition mit Frankreich und Cleve zu vereiteln. Denn wie schon zu Regensburg die Haltung Philipps gegenüber den französischen Erbietungen mitbestimmend auf Sachsen gewirkt hatte, so wagte auf fernerhin der Kurfürst allein nicht, sich dieser Macht zu verpflichten, trotzdem er nochmals unter dem Eindrucke der Nachricht von dem französischen Ehebündnisse seines Schwagers dem Landgrafen nahe legte, dem Protestantismus am Könige einen sicheren Rückhalt zu verschaffen [3]).

---

[1]) Er starb frühmorgens am 20. Juli. Der Plan ist derselbe, welchen der Landgraf am 24. Aug. 41 dem Kurfürsten von Melsungen aus enthüllt.

[2]) Dolzig an Joh. Fr. Reg. 14. Juni. habet auch kurzweil des spils gebraucht, und haben s. f. gn. damals ob 1000 gulden mit dem gewynst erlangt; darob s. f. gn. samt dem gnedigen abschied frolich gewesen. Or. W. RRT. IV 301.

[3]) Joh. Fr. an Phil. Torgau 13. Juli. [irrtümlich Mitw. nach Margarethe (= 20. Juli) datiert]. Und dieweil dan ko. mt. mit vilen reden E. L., unser und des reichs teutzscher nation freiheit gedacht und sich dermassen erboten, das wir ungezweivelt weren, wir wolten itzt vor allen unsern widersachern bei seiner ko. mt. etwas zu einem bestendigen rucken ausrichten, so werden E. L. nicht underlassen, der occasion weitter auch nachzugedencken, dann E. L. sehen, das kays. mt. bei unsern widderwertigen kain volg hatt. Konc.; Antwort Philipps Karth. Eppenberg 23. Juli. Or. W. H. 149.

Die Absicht des Landgrafen, »den Glimpf« beim Kaiser zu erhalten und den Herzog blosszustellen, konnte kaum besser gelingen; für dessen weiteres Verhältnis zu den Protestanten kam nunmehr alles darauf an, wie weit diese im stande sein würden, die Goslar drohende Gefahr zu beseitigen. Naturgemäss knüpften sie die Summe ihrer Forderungen an die Bewilligung der vom Kaiser begehrten Türkenhülfe, einer eilenden und beharrlichen, deren Beratung die zweite Hauptaufgabe dieses Reichstages ausmachen sollte; sie hatten um so grössere Aussicht, ihr Verlangen durchzusetzen, da sich die Lage im Osten immer bedrohlicher für das Haus Habsburg gestaltete: schon standen, wie die österreichischen und ungarischen Gesandten in beweglicher Rede den Ständen darlegten[1], an 100.000 Türken bereit, bei Essek die Drau zu passieren, um geradenwegs auf Ofen zu marschieren, wo indessen des Königs Truppen ihre Kraft in vergeblichen Stürmen auf die von der nationalen Gegenpartei besetzte Hauptstadt erschöpften.

Indem nun der Kaiser das positive Ergebnis des Religionsgespräches der weiteren Erwägung der Reichsstände empfahl, regte er gleichzeitig die Türkenhülfe an; sechs Tage später, am 14. Juni, liess er die darauf bezügliche Proposition verlesen[2].

Einem Beschlusse zu Naumburg gemäss antworteten die Evangelischen mit der Gegenforderung eines beständigen Friedens und gleichmässigen Rechtes — also dauernder Sicherstellung vor thätlicher und rechtlicher Vergewaltigung — indem sie erinnerten, wie wenig mit der alleinigen Beschirmung der Grenzen geholfen sei, wenn nicht zuvor auf diese Weise inmitten des Reiches Unfriede und Blutvergiessen verhütet würde[3]. Zunächst blieben sie standhaft, als der Kaiser

---

[1] Räte an Joh. Fr. Reg. 16. Juni. Or. W. RKT. II 75. Daneben kommt für das Folgende bes. M. R T. 41 in Betracht.

[2] »Kopei Key. mt. relation . . . Mittwoch den 8. Juni gethan« eb. II 31; z. t. C. R. IV 389.

[3] Antw. der evang. Stände an Pfalzgraf Friedr. v. 15. Juni u. abermal. Antw. an dens. v. 21. Juni. eb. II 149 u. 125.

weiter bat, wenigstens die eilende Hülfe angesichts der drohenden Gefahr bedingungslos zu bewilligen; wie auch König Ferdinand, der dieser Tage zu Regensburg erschienen war, auf ihre unverweilte Erlegung in Geld anhielt[1]); doch erklärte sich nach abermaliger Zurückweisung ihrer Forderungen die Mehrheit bereit, der von den altgläubigen Ständen vorgeschlagenen Unterhaltung von 10.000 Mann zu Fuss und 2000 Reitern auf 4 Monate zuzustimmen, sofern man das Wormser Edikt, den Augsburger Reichsabschied und alle gegen sie in Religionssachen ergangenen Mandate ausser Kraft setzen und ihnen die fernere Suspension der Achten und Prozesse wie die Reformation des Kammergerichtes zugestehen würde[2]). Nun kam ihnen auch der Kaiser einen Schritt näher: durch Vermittelung Kurbrandenburgs liess er ihnen vorstellen, wie trotz seiner Geneigtheit, ihren Forderungen nachzukommen, die Zeit zu kurz sein würde, und versprach, gegen Bewilligung der eilenden Hülfe unter Erstreckung des bisherigen Anstandes in sechs Monaten Frieden und gleichmässiges Recht aufrichten zu wollen, auch Sorge zu tragen, dass bis dahin niemand beschwert würde[3]). In der That begnügte sich die Mehrzahl der Protestanten mit diesem Erbieten; auch die Standhaftesten unter ihnen, die Vertreter von Kursachsen, Hessen, Strassburg, Konstanz und Frankfurt fügten sich schliesslich unter Vorbehalt der Einwilligung ihrer Herren[4]).

Indem man aber nachgab, drängte man um so energischer auf die Abstellung alles dessen, was den Bestand des bisherigen Friedens gefährdet hatte und verlangte demgemäss ausser Abschaffung der Thätlichkeiten Herzog Heinrichs völligen Stillstand des Kammergerichtes in den angestellten Prozessen

---

[1] »Kon. mt. Vorhaltung . . .« v. 25. Juni. »Bedenken u. Antwort der . . . stende andern teils.« v. 27. Juni; u. Antw. d. Evangelischen v. 28. Juni. eb. II 187, 193 u. 197.
[2] Antw. v. 3. Juli. eb. II 220.
[3] Räte an Joh. Fr. Reg. 5. Juli. Or. eb. II 212.
[4] Antw. v. 8. Juli. eb. III 80 u. Räte an Joh. Fr. Reg. 8. Juli. Or. III 76.

und fernere Suspension der Achten, doch also, dass mittlerweile die Betroffenen die Wohlthat des Rechtes aktiv und passiv geniessen sollten. Die letztere Bedingung wies der Kaiser zurück: das würde, liess er sagen, bereits einer Absolution und Restitution gleichkommen; doch sollte Goslar, falls eine Exekution der Acht zur Zeit des Anstandes versucht würde, die Defension unbenommen sein.

Noch ferner, in zweimaliger Eingabe, hielten die Evangelischen ihr weitergehendes Verlangen aufrecht. Entbehre die Stadt, führten sie aus, des aktiven Gebrauches des Rechtes, so würde sie schutzlos dagegen sein, dass das Kammergericht dem Herzoge auf sein Anhalten ihr Besitztum zuspräche, und könnte weder ihren Prozess noch den ihrem Gegner auferlegten Reinigungseid weiter verfolgen; sollte dazu dieser ihr auch fernerhin die Zufuhr verlegen, so könnte eine derartige Suspension unleidlicher werden, als eine offene Vollziehung der Acht [1]). Umsonst: die Worte aktiv und passiv mussten fallen.

So bewilligten denn am 16. Juli die Protestanten die eilende Hülfe in der ausgesprochenen Hoffnung, dass der Kaiser seinem Erbieten gemäss während des Anstandes einen gemeinen Frieden und gleichmässiges Recht aufrichten und also den Goslarischen Beschwerden wirklich abhelfen würde; doch mit dem ausdrücklichen Vorbehalt, dass sie »wo wider die von Goslar in- oder ausserhalb rechtens etwas vorgenommen würde . . . unbegeben haben wollten, denen von Goslar zu gut ihre notdurft dagegen auch vorzunehmen« [2]).

Da also fürs erste nur eine Erstreckung des provisorischen Stillstandes durchgesetzt war, dem der Herzog bisher so wenig Achtung bewiesen hatte, machte sich mit erneuter Dringlichkeit die Frage geltend, ob man erforderlichenfalls der Stadt Bundeshülfe gewähren wollte.

---

[1]) Antworten vom 10. u. 14. Juli. eb. III 132 u. 165. Hess. Räte an Phil. Reg. 14. Juli. Or. M. RT. 41.
[2]) Antw. v. 16. Juli. W. RRT. III 168.

Wie wir uns erinnern, war zu Naumburg ein Mehrheitsbeschluss mit Rücksicht auf die süddeutschen Bundesstände verschoben worden. Um ihrer Zusage nachzukommen, hatten die oberländischen Reichsstädte eine eigene Zusammenkunft nach Esslingen angesetzt; doch da ihnen, ehe sie sich hier zu einem entscheidenden Schritte vereinigten, das hessische Schreiben die veränderte Lage kundgab, so hielten sie sich für berechtigt, ihre endgültige Stellungnahme nochmals hinauszuschieben, in der Erwartung, man werde auf dem nun eingeschlagenen Wege weitere Zugeständnisse auf dem Reichstage erlangen; für den andern Fall, versicherten sie dem Landgrafen, würden sie ihre Vertreter mit solcher Vollmacht entsenden, dass an ihnen kein Mangel befunden werden sollte [1]. Dagegen beharrte Herzog Ulrich schroff auf dem zu Naumburg vertretenen Standpunkt; auch die in Aussicht genommene Abstimmung fand nicht seinen Beifall [2].

Zu Regensburg nun hatten die Einungsverwandten bereits im Juni die Sache zweimal in Beratung gezogen, um sich womöglich einer einhelligen Meinung zu vergleichen; da jedoch diese nicht erzielt wurde, konnte man dem Drängen der Oberhauptleute auf einen Mehrheitsbeschluss nicht länger widerstehen.

Um so weniger, da die Lage der Stadt immer unerträglicher wurde. In letzter Zeit hatten des Herzogs Massregeln bereits zwei Menschenleben zum Opfer gefordert: ein von Braunschweig heimkehrender Bürger würde von den ihm begegnenden Strassenhütern vom Pferde geschossen, weil er ihrer Aufforderung, seine Feuerbüchse zu senken, nicht schnell genug nachkam; ein anderer, der sich in den strittigen Gehölzen vor den verfolgenden herzoglichen Forstleuten zur Wehr

---

[1] »Räth und botschaften der oberländischen einungsverwandten frei und reichsstedt itzo alhie zu Eslingen ver samblet.« an Phil. 22. Febr. 41. Kopie W. H. 142 u. 149.
[2] Ulrich v. Württemberg an Phil. Stuttgart 4. April 41. Or. o. Pr. M. St. G. 40/1.

setzte, erlag ihren Streichen. Dazu waren Misshandlungen und Raub an der Tagesordnung; kurz, es ging nach den Worten des Rates dort her wie auf dem Böhmerwalde[1]). Dass dennoch die Stadt der Gefahr entging, ausgehungert zu werden, hatte sie wohl nur dem Mitleid der früheren hildesheimischen Unterthanen des Herzogs zu verdanken, die sich durch sein noch kürzlich in allen Aemtern wieder eingeschärftes Handelsverbot nicht beirren liessen, zur Nachtzeit die notwendigsten Unterhaltsmittel in die Stadt einzuführen.

Am 18. Juli fand die entscheidende Sitzung der protestantischen Stände statt. Fast gleichmässig begründeten die fünf Stimmen Sachsens, Hessens und Lüneburgs den Anspruch der Stadt auf Bundeshülfe damit, dass sie offenbar ihrer Religion willen unter dem Scheine einer Profansache geächtet sei, und man zu besorgen habe, dass sie wider ihr Gewissen vom evangelischen Bündnis und Bekenntnis abfallen müsse, falls sie erobert oder zur Restitution gezwungen würde. Ihnen stimmten die norddeutschen Städte bei. Es sei fast dasselbe, meinte der Bremische Bürgermeister, Dietrich Vassmer, ob Goslar mit offener Gewalt oder unter dem Scheine des Rechtes beschwert würde; Hamburg hatte ein zustimmendes Votum schriftlich abgegeben; Magdeburg war bereits zu Naumburg entschlossen für Bundeshülfe eingetreten, und Braunschweig, das auf diese Stimme mit Anspruch erhob, pflichtete dem bei.

Von den Oberländern entschied sich Augsburg fast ganz im Sinne der Vorigen. Einen Mittelweg schlug indes Strassburg vor, das Jakob Sturms gewichtige Stimme vertrat. Indem dieser die Verpflichtung zur Bundeshülfe wegen des parteilichen Prozessverfahrens anerkannte, wollte er sie doch nur in der Form der Gegenwehr geleistet wissen, auch sollte die Stadt, wenn sie die Aufhebung der Acht durch einen Vertrag erreichen könne, den der Bund für billig erachte, diesen anzunehmen schuldig sein; die Restitution des geschädigten Klosters aber, meinte er, brauche nicht notwendig mit einer

---

[1]) Goslar an Phil. 23. Juni. 41. Kopie u. a. M. St. 40/1. vgl. Hortl. IV. 46. 23.

Benachteiligung ihrer religiösen Autonomie verbunden zu sein. Ulm schloss sich dieser Auffassung an. Dagegen bezog sich der württembergische Vertreter auf die frühere Entscheidung seines Herrn und riet, kein Mittel zur gütlichen Beilegung der Beschwerden unversucht zu lassen; nur sofern die Stadt zur Annahme oder Duldung der alten Ceremonien gezwungen würde, wollte er mit bewaffneter Hand für sie eintreten.

Eine eigentümliche Stellung nahm schliesslich Pommern ein. Durch die von beiden Herzögen vereinbarte Instruktion, welche den Fall nur als Profansache gelten liess, erklärte sich der hier anwesende Herzog Philipp gebunden, obwohl er durch die von der Mehrzahl vorgebrachten Gründe zu der gegenteiligen Ansicht umgestimmt ward; doch billigte er für seine Person das jetzige Verfahren und versicherte, er würde samt seinem Vetter Barnim dem Beschlusse gebührlich Folge leisten[1]).

Eine weit überwiegende Mehrheit der Stimmen erkannte also diesen Fall als Religionssache an. Damit hatten die Naumburger Vereinbarungen eine wesentliche Ergänzung gefunden; der Bund ergriff als solcher auch in der goslarischen Frage offen gegen den Herzog Partei.

Der Reichstag neigte sich dem Ende zu. Noch ehe die eilende Türkenhülfe endgültig von den Protestanten bewilligt war, fragte der Kaiser behufs des Abschiedes bei den Reichsständen an, ob sie den wenigen von den Kolloquenten verglichenen Punkten vorläufige Gültigkeit verleihen wollten[2]). Die Evangelischen waren dafür; ebenso von den Altgläubigen die Kurfürsten und die Städte, doch drang im Fürstenrate die entgegengesetzte Meinung Baierns und der Bischöfe durch, alle Entscheidungen in Glaubenssachen dem erwarteten Konzil anheimzustellen. So sprach sich auch der päpstliche Legat aus,

---

[1]) »Vota und stymmen, wölliche in der goslarischen sach . . . ergangen. Montags den 18. Julii anno 1541.« Reinschrift des vom hessischen Kanzler aufgenommen Protokolls. M. RT. 41.

[2]) »Kais. Mt. Fürhalten . . . den 12. Juli gethan . .« u. Antworten der Reichsstände v. 14.—19. Juli. C. R 510 ff.

und entschied der Kaiser. Er übernahm, persönlich das Konzil beim Papste zu befördern; falls aber weder dies noch ein Nationalkonzil zu stande kommen würde, so sollte der nächste Reichstag die Beilegung des religiösen Zwiespaltes wieder in die Hand nehmen [1]). Nicht genug, dass damit seine ursprüngliche Absicht völlig gescheitert war, hatte es den Anschein, er werde es auch nicht zu einem von der Gesamtheit der Reichsstände anerkannten Abschiede bringen können. Denn unmöglich konnte der zu dem Umschwunge des letzten Jahrzehntes in keinem Verhältnis stehende bisherige Entwurf eines solchen den Ansprüchen der Protestanten genügen. Indem nämlich dieser den Nürnberger Frieden bis zu dem in Aussicht genommenen Konzil oder Reichstag erstreckte und bis dahin ihnen auferlegte, die verglichenen Artikel nicht zu überschreiten, liess er den ihre Lehre verdammenden Augsburger Abschied in kraft bestehen, ja untersagte ihnen ausdrücklich bei Strafe des Landfriedensbruches die Zerstörung und Evangelisierung der Kirchen und Klöster, die weitere Einziehung geistlicher Einkünfte und jeden Versuch zur Ausbreitung ihres Glaubens. Die Achten und Prozesse, deren Suspension durch den Nürnberger Frieden strittig war, sollten eingestellt und womöglich durch kommissarischen Vergleich beigelegt werden. Dazu wurde der Druck von Schmähschriften verboten [2]). Die übrigen unerledigten Aufgaben wurden auf einen Tag gewiesen, der im Januar des folgenden Jahres zu Speier zusammentreten sollte; doch hatten sich die Stände bezüglich des wichtigsten Punktes, der beharrlichen Türkenhülfe, schon jetzt für eine dreijährige Bewilligung von je 20.000 Mann zu Fuss und 4000 Reitern ausgesprochen, sofern ein Friede und gleichmässiges Recht im Reiche aufgerichtet würde; die Beihülfe des Königs ward auf 20.000 leichte Reiter festgesetzt, dazu sahen die Stände seitens des

---

[1]) »Notel des Abschiedes . .» v. 23. Juli. C. R. 587.
[2]) »Abermals Kais. Maj. vorgeschlagene Artikel des Abschieds . . .« v. 27. Juli. C. R. 612.

Kaisers einer weiteren Unterstützung und Bemühung bei den auswärtigen Mächten entgegen[1]).

Dadurch aber, dass sich der Kaiser in den wichtigsten Fragen dieses Abschiedes weitere Erklärung vorbehielt, liess er sich einen Weg offen, um im Notfall die Forderungen der Protestanten zu beschwichtigen. Vergeblich, dass er zunächst unermüdlich beide Parteien zur Nachgiebigkeit zu bewegen suchte: die Altgläubigen blieben fest, die Evangelischen drohten mit offenem Protest; ihr einziges Zugeständnis, eine für ihn recht unsichere Aussicht, war schlisslich ihre Zusage, den Abschied in benannter Zeit zu- oder abschreiben zu wollen.

So entschloss er sich denn, durch eine nur ihn als Reichsoberhaupt verpflichtende geheime Auslegung die anstössigen Artikel ihrem Verlangen gemäss zu deuten. Durch die Erklärung, dass die Bestätigung des Augsburger Abschiedes nur auf weltliche Sachen zu beziehen sei, und sie betreffs der hier unverglichenen Artikel unverbunden sein sollten, hob er thatsächlich jenes Verdammungsurteil auf. Indem er ferner den Obrigkeiten das Recht zusprach, Klöster und Stifter zur Reformation anzuhalten, den ungestörten Gebrauch ihrer Einkünfte auch protestantischen Geistlichen zugestand, und das Verbot, niemand zum evangelischen Glauben zu bewegen, nur dahin auslegte, dass man den altgläubigen Ständen ihre Unterthanen nicht abwendig machen, noch gegen sie in Schutz nehmen solle, erkannte er die bestehende Ordnung an und setzte ihrer Weiterentwickelung keine Schranken. Auf diese Bestimmungen sollte fortan das Kammergericht vereidigt werden, und in der Rechtsprechung wie seiner ferneren Besetzung der Unterschied der Bekenntnisse nicht mehr in Betracht kommen. Endlich erklärte er auf die Mahnung der Protestanten an sein früheres Erbieten, dass die allgemein ausgesprochene Suspension der Achten und Prozesse in Religionssachen mit auf Goslar Bezug haben sollte[2]).

---

[1]) Bedenken der Kurfürsten v. 24. Juli, W. RRT. III 281; der altgläubigen Stände o. D. III 241; der Evangelischen v. 27. Juli III 254; und gemeinsames Erbieten aller Reichsstände o. D. IV 398.

[2]) Der kais. Maj. Deklaration . . . v. 28. Juli. C. R. 623.

Nur mit Vorbehalt dieser Deklaration willigten die Evangelischen in den Abschied, dessen Verlesung am 29. Juli den Reichstag beschloss.

An diesem bedeutungsvollen Abschnitte angelangt, vergegenwärtigen wir uns kurz die bisherige Entwickelung des Konfliktes.

Das Streben des Herzogs nach territorialer Machterweiterung hatte der Feindschaft und dem Rechtsstreite mit Goslar den Ursprung gegeben. Indem er nun die verfolgende Tendenz des Kammergerichtes gegen die reformierte Stadt zu Hülfe rief, erreichte er wohl, dass sie rechtlich in seine Gewalt gegeben wurde, doch verschaffte er ihr eben dadurch den Schutz ihrer Glaubensverwandten, die sich ohnehin auf Grund des sie einigenden religiösen Prinzips zur bewaffneten Unterstützung des von ihm bedrohten Braunschweigs entschieden. Im Vertrauen auf die Abneigung des Kaisers gegenüber den kirchlich Abgefallenen hatte der Herzog diese Richtung eingeschlagen; da aber zwangen jenen die Verwickelungen seiner europäischen Lage zu weitgehender Rücksicht auf Heinrichs Gegner: so gab er selbst diesen zu verstehen, dass der Herzog bei ferneren Gewaltmassregeln gegen die Stadt des Schutzes der reichsoberherrlichen Gewalt entbehren würde.

Es hatte nun der Herzog zu wählen, ob er sich in die veränderte Sachlage fügen wollte; beharrte er in seinem bisherigen Vorhaben, so war bereits der Landgraf entschlossen, der Unterwerfung Goslars mit der That zuvorzukommen.

Anhang.

I.

Der Landgraf an seine Gesandten zu Frankfurt, Siegmund von Boineburg und Johann Feige. Giessen 18. April 1538. Or. o. P. M. Schm. B. 1538—39. Zettel und einige Zusätze im Hauptbrief eigenhändig vom Landgrafen (gesperrt gedruckt). S. S. 27.

L[ieben] r[ethe] und getreuen. Diese nebenbrive sind uns itzo zukomen uffer post **von Lunborg, Bremen und herr Bernhardt von Mille**[1]); die lasset den churfürsten zu Sachsen und unsere stend lesen. Druff ist unser meinung, das ir anhaltet, das der von Lunden die geschwinden handlung [so] abschaffe mit Goslar und Bremen; wo ers aber nit vermag oder nit thun wil, das man dan in religionsachen einen anstand neme (do er volgen wolt), und in dieser sachen, Goslar und Bremen betreffend, gleich ser hülff und di nit verliesse: **also wurde dadurch** jener punt getrent. Dan solt man Premen und Goslar verlassen; so were unser reputation hinweg; darzu, so wir die verliessen, so wurden sie cleinmutig und villeicht ganz abgeschreckt werden[2]).

---

[1]) Originale vom 15. und 16. April. Schm. B. 38—39. Vergl. S. 26.
[2]) Ähnlich Phil. an Boineburg und Feige Giessen 17. Apr. 39. Or. M. St. G. 38—40. **Soldt man Goslar itzt lassen, so werde es abfallen, und nit allein es, sonder Braunswig und andere mher; so hat man itzt iderman kegen herzog Heinrichen, Lunborg, die stat Hildenseim und alle stett: man kan im woll ein gutte kappe keuffen.** (eigenhändig.)

Sehet mit zu, das euch der von Lunden nit mit worten uffhalt, und also mitlerzeit die knecht reutter und darzu mer knecht zu sich erlangten.

Ir habt uns heutet kein copei zugeschickt, was den herz. v. Leuneburg und ern Bernten v. Milen vor antwort geschrieben; so haben wir auch dieselben brive nit erprochen: drumb so schickt uns nochmaln davon copei zu, uns wissen darnach zu richten. Des verlassen wir uns also zu euch. Datum Giessen freitags post quasimō. a. etc. 39, den abent umb 8 uhr.

Philips l. z. Hessen. ssr.

Nachschrift.

Last dissen briff den ausschos lessen. Und schribt mir eillendt, wie die handelung stee, dan ich stehe in villen sachen still und hoff uff euere handelung.

Zettel.

Auch, liebe rette, mich deucht, man hette itzt ein gutte gelegenheit zu h. Heinrich: dan Lunborg ist itzt willig, h. Erich zornig, das h. H. im die knecht in sein landt geschifft, dar zu wirdt man die sexschssen stett und sehe stett willig habben, die woll zu andern krigen nit so willig sein werden; item [?] man hat itzt gute ursach zu h. H., dan ere hatt den landtfriden kegen Lunborg, Hoi, der knecht halben brochen, darzu mit Goslar irrer furster und burger halben auch wieder den landtfriden gehandelt: da mit bestet man forr aller weldt.

Wan der goliadt gefeldt, so werden die anden [so] philiststeerr ganz vorzagt und nit bleiben; dan dieweil man den man uffrichtig lest, ist sich keins fridts zu verhoffen: wan der lege wurdts besser werden.

Darzu so stunde es itzt zeittung halb mit den dorken und aus Spanien unser halb auch gewinlich.

Dis alles und dissen zettel wollet lessen lassen

{ Saxssen,
Wirtenberg,
Bremen [?],
Doctor Levin,
Jacob Sturm,
Doctor Helf,
Jorg Besserrer[1]).

Doch stell ich alles zu des auschos bedenken und beslus.

Zwei eigenhändige Entwürfe des Landgrafen (M. E. V. 39.) führen diesen Plan weiter aus: Man müsse dem Kaiser, dem Könige und allen Reichsfürsten durch eine Botschaft des Herzogs landfriedensbrüchige Praktiken vorstellen und ihnen die Klausel des Nürnberger Bündnisses ins Gedächnis rufen, dass sie einem Bundesstande, der selbst »böse Sachen anfange«, nicht zu helfen schuldig seien; vor allen Baiern »die allerbesten Worte geben«, ebenso der Landschaft Herzog Georgs und des Magdeburger Erzstiftes. Mit Hülfe Dänemarks, des Bischofs von Münster, des Lüneburger Herzogs und der westfälischen Grafen würden der Kurfürst und er 1200 Reiter stellen können, dann müsste Herzog Ernst mit Milas Knechten dem Haufen so viel als möglich Abbruch thun, auch könne man inzwischen, um sicher zu gehen, 8000 oberländische Knechte und 1500 Reiter annehmen; jedenfalls sei es Ehrensache, Lüneburg, Hoya und die Städte nicht im stiche zu lassen.

---

[1]) Die Vertreter von Magdeburg, Strassburg, Augsburg und Ulm.

Aus der Antwort Boineburgs und Feiges. O. O. (Frankfurt) 19. April, pr. Giessen o. D. Or. M. E. V. 39.

... Wir haben bisher alle e. f. g. schriffte — wie e. f. g. uns befollen — durch Symon [Bing] und eigener handt gescheen, verlessen im auschos; aber die stende wollen an die anschlege nicht, dan se flyhen den costen wie das feur. So aber h. H. sich an die knechte offentlich wurd halten und mit denen imands beschweren, vernemen wir gleichwol kein zauterei, von den oberlendern sonderlich; aber in andrer wege ists meneschlicher weise schwerlich zu erlangen, got gebe inen dan eynen andern geist. . . .

II.

Der Landgraf an Kurfürst Johann Friedrich. Wolkersdorf 16. Februar 1541. Konc. M. Braunschweig. Alt-Wolfenbüttel 1541. 1. (Or. W. H. BB.) S. S. 66.

. . . Dieweil dann die key. mt. sich so gnedig und willfehrig erzeigt und bemelte verschaffnis gethan, so achten wir es dafur, das durch sollch verschaffnis der mehrertheil dero argumenta, so E. L. uns jetzo geschriben, ir erlödigung haben; wessten auch denselbigen key. geschefften nach nit zu rathen, noch bey gemeinen unsern mitstenden zu verantwurten, das man uber sollche verschaffnus die hulff in Braunschweig ordnen und nit zuvor sehen solt, was die keiserliche mandierung schaffete. Wann aber hertzog Heinrich sollchen key. mt. mandaten nit parirte, so deucht uns, dz man allsdann die hulff furderlich leistete, aber davor wollte es nit wol glimpfflich sein; und wann er sollchen key. mandaten nit parerte, und E. L. und wir ime seine unthaten dermassen zu tag pracht hetten, dz ime dadurch diejhenigen, so seiner parte weren, zum theil abgeschniten wurden, so könnte man im allsdann recht zwagen[1]); versehen uns auch; E. L. werde dises bedenckens jetziger zeit mit uns freuntlich einig sein, dann würdet hertzog Heinrich den key. mandaten nit gehorsamen, so kan man die hülff in Bronschweig noch jeder weil verordnen, daran auch wir unsern halben nichts erwinden lassen wöllen, und es würt allsdann der glimpff bey disen stenden bleiben, aber der unglimpff, wie billich, hertzog Heinrichen uffgewyrket.

Sollten wir aber über das, so er den key. gepotten gehorsamet, sollch reuter und knecht schicken, so haben wir den unglimpf bey key. mt. und allen stennden; wir könnten auch nit wissen — dieweil die key. mt. sollch abschaffung und suspendirung der gosslarischen und mindischen acht und die berurte gepott an hertzog Heinrichen gethan — so wir uber dasselbig sollch hulff jetziger zeit leisteten, wie sollchs gegen den andern unsern mittpundtsgenossen möchte oder kondte verantwortet werden. Wann aber hertzog Heinrich den mandatis nit parirte, so were allsdann nit unbillich, dz denen von Bronschweig solch hulff geleistet wurde.

E. l. haben dannocht zu bedenken, sollten wir über die bemelte gnedige verschaffung und der key. mt, wie sie furgibt, gnedige hanndlung, wöllch sie zu vergleichung der religion oder uffrichtung eines gemeinen fridens trägt, mit verordnung des kriegsvolcks fortfaren, wofur es angesehen wurde: nemlich als wer unser syne und gemuet nit gestanden, dz wir selbst uns der begerten key. anschaffungen gehalten, sonder nur gern krieg und unruw im reich erwegken wollten; und thete allso der erlos bub, hertzog Heinrich, allen unglimpf [l. glimpf] erhalten, alls were er der key. mt. zu gehorsam gewesen, wir dises theils aber hetten krieg und unruw gegen ime angefangen.

So können wir uns auch in warheit nit überreden oder befynden, das mit den vierhundert pferden und zwey fendlin

---

[1] Ähnlich Phil. an Joh. Fr. Ziegenhain 12. März 41. Konc. eb. Wir hofften aber, wann die gelegenheiten allso stuenden, das E. l.. beneben uns zu Regenspurg ankomen konnten, wir beede wollten ime daselbst vor kaiser, könig, churfursten und stennden des reichs dermassen abkeren, das ime hernacher zu unserer gelegenheit desto pösser zu zwagen [waschen?] sein sollt.

knechten allsoviel mög ussgericht werden, das wir disstheils darumb den unglimpff uff uns laden und so grosse gefahr erwarten muessten. Dann warlich, hertzog Heinrich würdet vor den reutern und knechten sich so ganntz nit entsetzen; es könnte auch wol noch grosser unrath daruss ervolgen: dann so wir disen handel dermassen uber die key. abschaffung furnemen, so wurd wahrlich die key. mt. und der contrapund inen nit verlassen können oder mögen; was daruss fur ein krieg entstunde, das haben E. L. vernünfftiglich zu erwegen. Es ist zwar ein handel bald angefangen, aber nit allso geendet.

Wir sind warlich hertzog Heinrichen je so feind, alls E. L., er hats auch umb uns sonnderlich verdienet: dass wir aber darumb in sollchs versteen solten, daruss uns allen grosser verderbe und schad ervolgen möcht, das wissen wir nit zu thun.

Thut hertzog Heinrich den key. mandaten nit genug, so hat man vor aller welt desto mehr glimpff an inen zu sazen. Und wann die von Bronschweig nach geendtem reichstag der hilff und des, dz sie mittler zeit friden haben mögen, gewiss sein, so können sie sich keiner not beclagen, noch uns, den andern stenden, zumessen, alls wollten wir inen nit helffen. Wir glauben auch, das die von Bronschweig dises, wann der Herzog in zeit des reichstags gegen inen stillstehe, und so dieselb sach uff dem reichstage kein ennde erlangt, das inen allsdann nach endung desselbigen die hilff gewisslich geleistet werden sollte, zufriden sein werden. Nach endung des reichstags würdet man auch mer gelimpffs dartzu haben, und es mit bössern fugen und nutzen ussrichten mögen. Dann wir wollten gern, dz mans mit dem mann also angriffe, dz man ime seine pundtsgenossen erstlich abschnite, auch den glimpff bey der key. mt. erhielte, und dz bey aller welt, auch unsern eignen pundtsgenossen, nit gesagt möcht werden: do die key. mt. vergleichung der religion und friden gesucht und furgenomen, do hetten E. L. und wir das villeicht uss eigener feindtschaft und sonderlichen ursachen zerrütet. Nach dem reichstag aber, so die sach dermassen nit gemacht, dz der statt Bronschweig dzjhenig begögnet, wöllchs ir von billicheit wegen eignet, wöllen wir gern nit allein die zweyhundert pferdt und ein fendlin knecht helffen hinein verordnen, sondern auch mit leib und gut wider hertzog Heinrichen thun. Zu der zeit ist auch hertzog Heinrichen sein mutwil gewisslich bösser zu wehren, dann jetzo in gegenwärtigkeit key. mt. geschehen kan. Es muss auch der key. mt. jetzt zu Regenspurg durch gemeine stennd muntlich angezeigt werden, was hertzog Heinrich für ein mann ist, und wie er mit Gosslar und Bronschweig umbgehet.

Und so man der sach allso nachgehet, wierdets Gosslar und Bronschweig mer helffen und erschiesslich [so] sein, dann diese verabschiedte hulff, und ist gewisslich verhoffennlich, dz wir key. mt. allsdann nit zuwider haben werden. . . .

III.

Der Landgraf an Kurfürst Johann Friedrich. Nürnberg 25. März 1541. Ursprünglich Reinschrift, mit eigenhändigen Verbesserungen Philipps (gesperrt gedruckt). M. Schm. B. 1541. (Or. W. H. 149.) S. S. 67.

Unser freuntlich dinst und was wir liebs und guts vermugen alletzeit zuvorn. Hochgepornner furst, freuntlicher lieber vetter und bruder! Nachdem wir den dingen belangend der stete Braunschweig und Goslar beschwerung weither nachgedacht, so konnen wir bei uns aus nachgemelten ursachen nit befinden oder schliessen, das es geraten oder gut sein solte, die zur Naumburg jungstlich bewilligte hilff itziger zeit in di stat Braunschweig zu ordnen. Dann geschehe solche verordnung, so wurde hertzog Henrich die kay. mt., desgleichen die andern seine zugecinigte stende, auf itzigem reichstage umb hulff anruffen, welch hulff sie ime dan nit waigern möchten.

Zu dem so konnen wir bei uns nit abnemen noch verstehen, das den stedten Braunschweig und Goslar mit dieser geringen hilff was vorsencklichs geraten werden möcht; aber wol möchten die leute dieser hilff, wann sie — wie zweivelsone geschehen wurde — ein zeitlang binnen der stat Braunschweig legen, dieselbige stadt an profiand und victualien dermassen entschöpffen, das es ir, der stat, daran, wan es am hochsten von nöten sein, mangeln möchte, und wurde doch mit dieser hilff nichts anders ausgerichtet, dann das hertzog Hainrich dardurch eines volgenden nachtrucks vergewissigt, und wurde desto gewisser zu krigsvolck komen, welchs er auch also liderlich erlangen mochte.

Derowegen deucht uns den dingen furstendig, geraten und gut sein, das man bis nach endung dieses reichstags und bis der kaiser widerumb aus teutscher nation kenie, (wie er dann unsers vermutens, auch etzlichen uns zukommenden zeitungen nach, [nach] endung dieses reichstags nit lang in teutscher nation bleiben wirdet) mit verordnung dieser hulff gemach thete und zuvor ansche, was zu Regensburg gehandlet wurde. —

Gerite dann daselbst die religionsach zu vergleichung oder sunst zu einem fridlichen wesen, und diese sachen mit Braunschweig und Goslar bleben unvortragen, so konte die hulft mit sovil bessern tugen geschehen, dan so wurden ime, h. H., seine bundtsgenossen abgesnitten; wurde aber die sach mit Goslar und Brunswig und h. H. vertragen, so hets auch sein weg.

Wurde aber die religion nit zu vergleichung oder friedlicherm wesen pracht, so stunde ain sach bei der andern; und so h. H. mit Goslar und Brunswig nit vertragen, wirdt err nicht underlassen, die von Braunswig und Goslar anzugreiffen: alsdann were den sachen nutzlicher und vertreglicher, das in guter stille und geheim in ainer eile ein pfert oder dreitausent und eine knecht oder dreitzehen- oder viertzehen tausent angenomen und darmit hertzog Henriche eilendts uberrascht wurd: so deucht uns, mit diesem volck solte ime in dreien wochen alle sein land eingenommen werden; was er aber von vestungen hette, die nit also zu erobern weren, darvor konte man ein zeitlang ain krigsvolck liegen lassen und dasselbig krigsvolck von seinem, herzog Henrichs, land one sonderlichen uncosten gemeiner unser christlichen vorstentnus unterhalten. Und also wurde h. H. mher abgebrochen und uff einmall, so er ja die unruhe sucht, der sachen abgeholffen, dan das man es mit disser kleinen hulff, dero er, h. H., ubrig starck genug ist, und vill far uff ir hat, anfahen willte; zu dem das auch uns und denen zu Regensburg erscheinenden allerlei far daroff stat, so man mittelerzeit solich krigfolck und hulff versamelt, das man sagen mocht, wir hilten uns nit geleitlich und hubben krig an. Dieses woltten wir E. L. also freuntlicher mainung aus vorgemelten ursachen nit bergen, seint irer widerantwurt darauf gewertig und dero in allewege fruntlich und vetterlich zu dienen geneigt. Datum Nurmbergk, freitags nach oculi anno etc. 41.

    Philips von gots gnaden, landgrave zu Hessen,
    grave zu Catzenelnbogen etc.

VITA.

Friedericus Bruns natus sum Lubecae die VI. mens. Octobris 1862. Fidem confiteor evangelicam. Maturitatis testimonium gymnasii Lubicensis adeptus mense Aprili anni 1883 civibus universitatis Friedericiae-Guilhelmiae Berolinensis adscriptus per quattuor semestria in studia praecipue historica incubui, uno anno interrupta, per quem munere militari perfunctus sum; tunc a vere anni 1886 in litteris academiae Philippinae Marpurgensis habitavi. Docuerunt me viri illustrissimi:

Bresslau, Curtius, Delbrück, Deussen, Hoeniger, Koser, Lazarus, Meitzen, Paulsen, Schmidt, Schmoller, v.Treitschke, Wattenbach — Bergmann, Cohen, Fischer, Kayser, Koch, Lehmann, Lenz, Niese, Paasche, Varrentrapp, Wellhausen.

Ut exercitationibus historicis interessem benigne concesserunt Delbrück, Hoeniger, Koser — Lenz, Varrentrapp; ut seminario geographico et oeconomo-politico Fischer et Paasche. Quibus viris clarissimis optime de me meritis gratias ago quam maximas.